Klaus Marion

Kein Raumhelm an der Bar!

Neues aus der Asimov-Kellerbar

Mit einem Vortrag von John Varley
und einem Nachwort von Horst Hoffmann

Bibliografische Information der Deutschen Nationalbibliothek:

Die Deutsche Nationalbibliothek verzeichnet diese Publikation
in der Deutschen Nationalbibliografie;
detaillierte bibliografische Daten sind im Internet über
http://dnb.d-nb.de abrufbar.

ISBN 9783732244294

1. Auflage 2014
© Klaus Marion
Texte von Klaus Marion, Horst Hoffmann und John Varley
Übersetzung:Klaus Marion
Umschlaggestaltung: Klaus Marion unter Verwendung eines
Layouts der Webseite www.asimov-kellerbar.de
Herstellung und Verlag: BoD - Books on Demand, Norderstedt
Druck: BoD
Drucktype: Palatino Linotype

Für Marita, Sven & Ingrid

Inhalt

Inhalt 5
Einleitung 9
Wir besprechen ein Fanzine 16
Feuer Frei! 26
In letzter Minute 33
Die Rückmeldung 40
Geburt eines Con-Veranstalters 48
Wir gründen einen SF-Verein
Teil 1: Der Name 64
Tagebuch eines Neu-Autors 71
Ein besonderer Tag 81
Die Buchbesprechung 90
Marketing 103
Soziale Kontakte 112
Wir basteln uns einen Conbericht 121
Heiligabend 127
Wir gründen einen SF-Verein
Teil 2: Das Mitglied 134
Interview mit Rudi Gerstner 142
Die Rezension 154
Die Vorträge in der Asimov-Kellerbar 165
Der "Cambridge Companion to Science Fiction" . 167

Das vergessene Buch	181
Vortrag von John Varley	193
Die Personen	202
Rudolf "Rudi" Gerstner	203
Frank Aussenstein	205
Christian "Krischan" Holl	207
Klaus N. Frick	208
Joachim "Jo" Henke	211
Der Kellerbar-Song	212
Die Asimov-Kellerbar im Internet	215
Fan sein! Ein engagiertes Nachwort von Horst Hoffmann	220
Quellen	228
Der Autor	230
Weitere Bücher des Autors	232

Einleitung

Bars und Kneipen spielen in der neueren, besonders in der angelsächsischen Literatur, eine ganz eigene Rolle.

Die verrauchte Bar, der einfühlsame Barkeeper, die mit den unterschiedlichsten Problemen beladenen Gäste – sie alle stellen einen Archetypus für Kurzgeschichten und Romane von Ernest Hemingway bis Stephen King dar.

Auch in der Science-Fiction hat die Bar als Schauplatz immer wieder Autoren und Regisseure fasziniert. Dabei kann man durchaus zwei Grundtypen dieser Orte unterscheiden. Da ist zum einen die Bar als Nachfolger des verruchten Western-Saloons, wo sich gleichermaßen verwegene wie zwielichtige Gestalten treffen, wo der Pulverrauch des Revolvers (bzw. der Plasmaschuss des Lasers) jederzeit in der Luft liegen kann. Jeder kennt die Chalmun's-Cantina-Bar in Krieg der Sterne, einem Ort voller seltsamer Gestalten, die den Erfinder George Lucas so sehr fasziniert hatte, dass er bei der späteren digitalen Aufwertung seines Erstlingswerks aus der Krieg-der-Sterne Saga den Gestalten und dem Ort ein ganz besonders liebevolles Augenmerk gewidmet hat.

Und dann gibt es die andere Bar, der Ort der einsamen Gestalten, der Melancholie, der alkoholseeligen Nachdenklichkeit. Billy Joels "Piano Man" hat diesem Ort ein musikalisches Denkmal gesetzt, und es ist erstaunlich, wieviel Romanautoren von dieser

Bar-Atmosphäre fasziniert sind. Zwischen dem 3. und 4. Bourbon blicken anscheinend auch die härtesten Gestalten mit Wehmut auf ihr Leben zurück, sprechen Fremde plötzlich über ihre Sorgen, hört der Barkeeper schweigend Lebensgeschichten zu, während er die gespülten Gläser trocken reibt.

Ich weiß nicht genau, ob diese Faszination für "die Bar" etwas spezifisch Männliches ist – ich habe zumindest den Verdacht, dass es so sein könnte. Ganz sicher spielt aber der Aspekt des Alkohols eine Rolle, und vielleicht ist die Kombination von Mann und alkoholischem Getränk das Geheimnis dieses Ortes. Einem Ort, an dem Männer mit schwerer Zunge sich endlich die Probleme von der Seele reden können (und die in vergleichbarer Situation viele Frauen wahrscheinlich beim Telefongespräch mit der Freundin längst besprochen hätten).

Aber vielleicht irre ich mich da ja auch.

Nicht von der Hand zu weisen ist jedoch, dass es tatsächlich diverse Science-Fiction Autoren gibt, die diesen Platz zum Mittelpunkt ihrer Geschichten gemacht haben.

Der bekannte amerikanisch-kanadische SF-Autor Spider Robinson hat eine ganze Buchreihe mit Kurzgeschichten gefüllt, die alle in einer speziellen Bar spielen: 'Die Zeitreisenden in Callahans Saloon' oder 'Zeitreisende nur gegen Cash' lassen seltsame Geschichten in dieser Bar geschehen. Arthur C. Clarke schrieb die 'Geschichten aus dem weißen Hirschen', und Lyon Sprague de Camp fabulierte mit Fletcher

Pratt seine 'Geschichten aus Gavagan's Bar'. Oder Larry Niven mit 'The Draco Tavern'.

Nun, ich teile diese Faszination.

Und so war es wahrscheinlich kein Zufall, dass vor 25 Jahren eine erste der "Geschichten aus der Asimov-Kellerbar" aus meiner Feder das Licht der Welt erblickte.

Ich bin Satiriker.

Schon in ganz jungen Jahren habe ich mit Begeisterung den subtilen Humor eines Willi Voltz oder die mit satirischem Hauch versehenen Heftromane eines Horst Hoffmann verschlungen.

Mit 15 oder 16 Jahren habe ich dann meine ersten literarischen Versuche gestartet, denen allerdings (völlig zu Recht) nur mäßiger Erfolg beschieden war. Und so sieht mich die Welt heute nicht als hoffnungsvollen Roman- oder Kurzgeschichtenautor, sondern als regelmäßigen und auch kommerziell arbeitenden Autor von Satiren.

Geschichten, in denen ich mich über die menschlichen Schwächen aller Art und die Tücken des Objekts auf durchaus harmlose Weise lustig mache.

Und natürlich auch über die Welt der Science-Fiction-Fans. Für diese nur zum Spaß geschriebenen Geschichten bilden echte SF-Fans natürlich ein denkbar günstiges Opfer. Ist doch für den durchschnittlichen Menschen der SF-Fan zumeist ein pickeliger Jüngling (warum eigentlich werden die Frauen bei dieser Betrachtung so konsequent übersehen?), der nasebohrend seine SF-Hefte liest und seltsame Comics erwirbt. Auch wenn dieser heutzutage 'Nerd' genannte Typus es inzwischen durch Serien wie "Bing Bang Theory" durchaus zu einer positiver werdenden Rezeption gebracht hat, ist dies aber nicht der Ansatz meiner Geschichten.

Denn erstaunlicher Weise findet sich hinter der Fassade des technophilen und moralisch aufgeschlossenen SF-Fans der gleiche ganz normale Mensch mit seinen Vorurteilen, Macken und Fehlern.

Und so handeln meine SF-Satiren von herrschsüchtigen Vereinsvorsitzenden, verzweifelten Möchtegernautoren und um die öffentliche Aufmerksamkeit kämpfenden Converanstaltern.

Und wo könnten wir diese besser treffen als in einer Bar?

Und so war die 'Asimov-Kellerbar' geboren, eine Kellerkneipe, wo der berüchtigte Wirt Rudi Gerstner seine Mixgetränkekreationen serviert, wo Science-Fiction-Fans sich regelmäßig treffen, wo SF-Künstler die Rückwände mit lebensgroßen Flugdrachen bemalen, und hoffnungsvolle Jungautoren mit der Schreibmaschine versuchen, endlich den großen Romanwurf zu landen.

Und wo über alle Themen geredet werden kann. Über die Jahre wurde die Bar von einer größer werdenden Gruppe von Gästen bevölkert, bei denen sich fiktive Gestalten und reale Personen munter mischen.

Der hier vorliegende zweite Band der Asimov-Kellerbar-Geschichten vereint ältere wie auch neuere Satiren. Die meisten der Satiren sind an den verschiedensten Orten bereits einmal erschienen, Mitglieder des Science-Fiction-Club Deutschland e.V. kennen meine in den 'Andromeda Nachrichten' regelmäßig erscheinende Kolumne und werden einige der Geschichten wiedererkennen.

Erwähnenswert ist hier auch, dass die aufkommenden sozialen Medien die Grenzen zwischen Fiktion und Realität verschwimmen lassen. So treffen sich in der Facebook-Gruppe "Asimov Kellerbar" reale Personen in dieser virtuellen Bar, wo dann auch ganz ernsthafte Vorträge gehalten werden. Aus diesem Grund finden sich im hinteren Teil des Buches ein paar der dort gehaltenen literarischen Vorlesungen.

Lieber Leser, ich wünsche Dir viel Vergnügen bei diesem erneuten Ausflug in die Welt der Science-Fiction-Fans und des Barbetriebs.

Übrigens sind alle Rezepte von Rudi Gerstners Spezial-Drinks getestet und sehr gut genießbar!

Klaus Marion, im Frühjahr 2014

Die Welt der Science-Fiction-Fans ist auch eine Welt des gedruckten Wortes. Ein besonderes Phänomen sind dabei die 'Fanzines', selbst herausgegebene kleine Zeitschriften, die sich mit Themen der Science-Fiction und des Fandoms beschäftigen. Und natürlich ist jeder Science-Fiction-Herausgeber davon überzeugt, dass sein Fanzine das Beste ist.

Unglücklicher Weise gehört zu den Fanzines auch zwangsläufig die 'Rezension', die Besprechung durch andere Herausgeber.

Die nachfolgende Satire beleuchtet in Form eines Ratgebers diesen interessanten wie gleichermaßen ärgerlichen Aspekt...

Wir besprechen ein Fanzine

**Sind wir doch einmal ehrlich:
Gibt es etwas Schlimmeres, als wenn dieser blöde und absolut nervtötende Kerl, der einen bei den Cons immer mit seinen dümmlichen Sprüchen zum Wahnsinn treibt (und damit völlig unverständlicher Weise bei den Mädels *total* ankommt), der die eigenen wohlfundierten Vorschläge auf Mitgliederversammlungen grundsätzlich in Bausch und Bogen verdammt und als lächerlich bezeichnet, es tatsächlich schafft, ein Fanzine herauszugeben?**

Ja. Das gibt es.

Denn da hat man also das Machwerk dieses elenden Giftzwergs in erwartungsfrohen Händen, um es endlich genüsslich zu zerlegen und bestätigt zu sehen, was für eine hohle Nuss dieser schamlose Blender ist. Und da...

Nun, das Titelbild ist nicht *ganz* schlecht, der 8-Farbdruck mit Hologramm vermag natürlich auf den *ersten Blick* schwächere Seelen schon zu beeindrucken, der exklusive Vorabdruck einer bisher unbekannten Novelle von Larry Niven ist sicherlich *nicht grundsätzlich* abzulehnen, und 192 Seiten in qualitativ hochwertigem Offsetdruck erscheinen auf den ersten Blick durchaus interessant.

Mit einem Satz: Das Ding ist eigentlich gut.

Wie Schrecklich.

Doch halt: Diese Katastrophe fürs eigene Ego lässt sich noch abwenden! Denn Rettung naht:

Schreibe einfach eine Fanzinebesprechung. Eine Rezension!

Die nachfolgenden Zeilen mögen anderen geknechteten Seelen als Balsam und Anleitung gleichermaßen dienen.

Der Druck

Natürlich ist die Art der Vervielfältigung völlig nebensächlich. Schließlich hätte sich doch auch "Krieg und Frieden" auf einseitigem Spiritus-Umdruck verkauft (na ja, vielleicht). Das brauchen wir aber nicht zu schreiben. Der Grundtenor lautet für Dich immer: Der Druck ist schlecht.

Bei Vervielfältigung auf Umdruck oder Photokopie sind Sätze wie "…ob sich die katastrophale Qualität der ersten Story im Verlauf der nächsten Seiten noch verbessert, vermag ich nicht zu sagen, da das Schriftbild der letzten 4 Blätter absolut unleserlich und völlig zerlaufen war! Hätte der Herausgeber nicht besser zu einem geeigneteren Druckverfahren greifen sollen?" das absolute Muss.

Überprüfen kann das sowieso keiner, und im Zweifelsfall hat man halt als Einziger ein schlechtes Exemplar bekommen. Beliebt sind auch Hinweise auf falsche Heftung ("…brauchte ich Stunden, um endlich die korrekte Reihenfolge der Seiten zu ermitteln!") sowie verkehrt herum eingesetzte Blätter ("…die Zeichnung war so schlecht, dass ich nur durch Zufall bemerkte, dass das Blatt komplett auf dem Kopf stand!")

Und was tun wir bei professionellem Buchdruck in Stahlstich und 120 Gramm-Papier? Kein Problem:

"Es zeigt sich einmal wieder, dass teurer Druck keinesfalls qualitativ erträglichen Inhalt ersetzen kann."

Das Cover

Das Titelbild ist für jeden Rezensenten eine dankbare Aufgabe. Die meisten Cover sind nämlich schlecht. So setzen wir im vorbeigehen an dieser Stelle ein paar gezielte Hiebe ("... ein geradezu lächerliches Logo mit unleserlichem Schriftbild!", "... eine absolut dilettantische Titelgrafik") sowie noch einen gemeinen Niederschlag ("... die lieblose Behandlung des Covers zeigt deutlich, was den Leser auf den folgenden Seiten erwartet!")

Und bei Super-Cover als Profi-Grafik mit limitierter Unterschrift des Künstlers? Nun, wir machen das wie gehabt: "... sehen wir hier deutlich, dass dem Herausgeber mit seinem Geprotze jegliches Gefühl für ein stimmiges Ensemble aus Titelbild und Fanzine abgeht. Hätte nicht eine einfache, amateurhafte Grafik und ein bewusst unperfektes Logo so viel mehr authentischen Hauch der Liebe zur Science-Fiction-Literatur ausgestrahlt, als dieses überperfekte kalte Machwerk?" usw. usw.

Inhalt

Grundsätzlich gilt: Wir machen alles nieder. Theorien, dass man für eine glaubhafte Rezension eine faire Beurteilung erstellen muss, sind realitätsferner Schwachsinn. Nichts wird lieber gelesen als eine harte Hinrichtung. Ausgewogenheit ist etwas für Schwächlinge, und Gnade hat dieser gemeine Produzent des Fanzines sowieso nicht verdient.

Also: Bestenfalls die schlechteste Story im ganzen Heft halbwegs lau würdigen. Viel besser ist es, das Inhaltsverzeichnis als das einzig vernünftig lesbare Produkt des Heftes zu bezeichnen ("... und selbst dieses strotzt vor Fehlern!") und alles andere niederzumachen.

Die Art des Fanzines

Es ist ein Rezensions-Fanzine?

"Der Autor hat von Rezensionen keine Ahnung und wahrscheinlich keine der besprochenen Hefte und Bücher je gelesen. Ein weiteres hingerotztes Rezensionsfanzine hat uns gerade noch gefehlt. Er hätte besser bei seinen Stories bleiben sollen!"

Ein Story-Fanzine?

"Der Autor hat von Storys keine Ahnung und wahrscheinlich keines seiner veröffentlichten Machwerke auch nur Korrekturgelesen. Ein weiteres hingerotztes Story-Zine hat uns gerade noch gefehlt. Er hätte bei reinen Rezensionen bleiben sollen!"

Ein gemischtes Fanzine? Kein Problem! "Der Autor hat weder von Rezensionen noch von Science-Fiction-

Stories eine Ahnung. Ein weiteres hingerotztes Misch-Fanzine hat uns gerade noch gefehlt. Er hätte besser bei reinen Stories oder Rezensionen bleiben sollen!"

Stories

Ein sehr dankbares Thema! Eine Betrachtung von Stories sollte mindestens die folgenden Worte enthalten: lächerlich, kindisch, amateurhaft, holprig, spannungslos, ideenarm, dilettantisch.

Ist der Herausgeber auch gleichzeitig der Autor, kommen sinnvollerweise folgende Bemerkungen noch hinzu: geistlos, unintelligent, anödend, Erstlingswerk.

Bei semiprofessionellen Beiträgen von anerkannt hohem Niveau oder von Personen, die man nicht verärgern möchte, muss jedoch anders vorgegangen werden.

Hier empfiehlt sich der besorgte Hinweis an den Autor: "...muss man sich fragen, ob der sicherlich entsetzte Profi-Autor ahnen konnte, in welcher Umgebung er sein Beitrag wieder finden würde?"

Und dazu noch ein weiterer kleiner Tiefschlag: "Denn selbst bei so erkennbarer Not bei der Suche nach qualitativ hochwertigen Inhalten könnten wir uns nur schwer mit dem Verdacht anfreunden, dass der Herausgeber hier einen illegalen Abdruck ohne Genehmigung vornehmen würde."

Den Abdruck von Profi-Stories übergehen wir ansonsten übrigens würdevoll und verweisen darauf, dass die Seele eines Fanzines sich nicht mit Geld erkaufen lässt.

Dankbar ist auch der Hinweis auf Plagiate bei:

Der Idee ("… wurde dieses Thema bereits 1934 in einer Story von James Dolittle…"),

Stil ("… sehen wir hier den schmählich gescheiterten Versuch, den Schreibstil von Arthur C. Clarke zu imitieren")

und Aufbau ("… diese lächerliche mehrstufige Teilung von Ort und Handlung wurde bereits tausende Male verwendet.").

Rezensionen

Rezensionen sind einfach zu behandeln. Wir bezweifeln

a) dass der Rezensent die besprochenen Werke überhaupt verstanden hat,

b) wir widersprechen allen subjektiven Werturteilen diametral,

fragen uns c) bei korrekten Inhalten, ob der Rezensent so schwach in seiner Meinung sei, dass er sich lächerlicher Weise dem Mainstream anschließen müsse und bezweifeln natürlich

d) jegliche Aktualität.

Grafiken

Gute Grafiker sind selten (und dann oftmals auch noch teuer). Also wird sowieso alles genommen, was da ist – und das ist dann tatsächlich fast immer schlecht. Eine Steilvorlage für unsere Kritik, bei der man eigentlich nur richtig liegen kann.

Wir rätseln also laut darüber, warum der Herausgeber bloß Kinderbilder seiner Nichten und Neffen verwendet hat, oder machen uns über den Titel der Grafiken lustig. Sollten sich jedoch seltsamerweise gute Grafiken in die Seiten eingeschlichen haben, so ist das auch nicht weiter dramatisch.

"… Die Kälte der Profigrafiken wirkt geradezu abstoßend. Um wie viel mehr hätte eine einfache Kinderzeichnung dem Charme eines Amateurfanzines entsprochen…"

Impressum

Du denkst, kein Mensch bespricht ein Impressum?

Richtig. Aber als rhetorische Figur ist eine Erwähnung immer gut, zumal kaum ein Herausgeber tatsächlich alle Feinheiten der gesetzlich vorgeschriebenen Impressumgestaltung beherrscht. Ein kurzer Blick, und wir können einen neuen Treffer landen:

"Und tatsächlich: Ein Blick auf das Impressum zeigt, dass nicht einmal hier der Herausgeber seine Hausaufgaben gemacht hat. Hätte er doch nach dem gültigen Landespressegesetz von 1992 das Jahr der Herausgabe um zwei Punkt größer setzen müssen als den Rest des Textes (vergl. Frankf. LandG Aktenzeichen 6577/II 1969). Dieser Gesetzesverstoß ist symptomatisch für die ganze Planlosigkeit dieses sogenannten Fanzines!"

Sonstiges

Nach den vorhergehenden Hieben in die Seele des Herausgebers fällt es uns nicht mehr schwer, weitere Kritikpunkte zu finden:

Vorwort? Belanglos und Angeberisch!

Leserbriefe? Überflüssig und nichtssagend!

Rißzeichnung? Dilettantisches Erstlingswerk!

Lyrik? Erbarmungswürdig und infantil!

Vorschau? Angeberisch!

Rechtschreibung? Katastrophal!

Schriftbild? Unleserlich!

Preis? Unverschämt! (und den anonymen Hinweis ans Finanzamt wegen Steuerhinterziehung nicht vergessen!)

Das Fazit

Wer glaubt, beim Schlussresümee noch einmal alle fiesen Register ziehen zu müssen, um diesen Emporkömmling mitsamt seinem Machwerk endgültig in den staubigen Boden zu stampfen, liegt jedoch völlig falsch und hat im deutschen Fandom noch viel zu lernen.

Der Schluss einer Rezension muss, gleich der Bewertung eines strengen Lehrmeisters, die mitfühlende Milde ausstrahlen, die ein Lehrer seinen missratenen und geistig zurückgebliebenen Schutzbefohlenen entgegenbringt (sonst könnte der Leser der Rezension ja auf den absurden Gedanken kommen, wir hätten gegen den Autor etwas Persönliches).

Nein, wir halten es wie in Arbeitszeugnissen mit dem Versuch, selbst einer Vollkatastrophe noch etwas Positives abzuringen.

Folgernder Satz sei zum Schluss empfohlen:

"Und so müssen wir konstatieren, dass der Herausgeber und Autor verzweifelt versucht hat, sein Bestes in einem Bereich zu geben, dessen Grundanforderungen er möglicherweise erst in einigen Jahren zu verstehen in der Lage sein wird. Wünschen wir ihm auf diesem langen Weg noch alles Gute und hoffen, dass ihm die Lektüre seines eigenen Fanzines hilfreich dabei sein wird, sein fehlendes Wissen und Einfühlungsvermögen zu erkennen und zu beheben."

Das gibt ihm den Rest.

Und im allerschlimmsten Fall? Das Ding ist fantastisch, der Inhalt berauschend, die Grafiken traumhaft, die bisherigen Kritiken göttlich?

Dann schreiben wir einfach:

"Es ist schade, dass dem Fandom ein so begabter Fanzineherausgeber an das Lager der kalten Profis verloren ging. Was waren das noch für Zeiten, als wir seine sympathisch-unperfekten Fanzines genießen durften!

Zur Welt der SF-Fans gehört auch die Geselligkeit. Doch leider gehorcht auch unter Freunden der Phantastik die Welt den normalen menschlichen Gesetzen...

Feuer Frei!

Meine Frau informierte mich kurz und knapp.

"Wir sind am Freitag zu einer Party von Herbert in die Asimov-Kellerbar eingeladen. Geschlossene Gesellschaft. Wir gehen hin!"

Hm.

Zwar ist Herbert ein allseits bekannter SF-Fan, aber warum sollte wir zu einer öden Party eines dümmlichen Langweilers gehen, bei denen die Gespräche der anderen Gäste noch schlechter sind als die allgemeine Stimmung?

Wahrscheinlich deshalb, weil Herberts Partys berühmt sind für die ausgelassene Stimmung, die intelligenten und interessanten Gäste, das geniale Essen und für den Witz und die Schlagfertigkeit des Gastgebers.

Entsprechend verlief dann auch der Abend. Hochinteressante Leute gaben sich in die Rudi Gerstners Asimov-Kellerbar die Klinke in die Hand, und Herbert war mal wieder der Star des Abends. Wenn er über seine Erfahrungen auf den World-Cons berichtete, den nächtelangen Gesprächen mit amerikanischen SF-Autoren in irgendwelchen verräucherten Bars oder den neuesten Erlebnissen beim Aufbau eines SF-Fan-Clubs in den Ländern Vorderasiens referierte, hingen die SF-Fans fasziniert an seinen Lippen.

"Und dann musste ich mit 200 begeisterten Tokioter-SF-Freaks nächtelang in Karaoke-Bars deutsche Fan-Lieder singen!"

Die weiblichen Fans liegen ihm zu Füßen. Dabei sieht er nicht einmal gut aus.

Er sieht super gut aus. Und hat Geld. Und Erfolg. Und ist beliebt. Jeder kennt ihn.

Ich hasse ihn wirklich.

Irgendwann gegen 1 Uhr Nachts lud Herbert uns noch zu einem späten Imbiss ein und bestellte vom Lieferservice Pizza für alle in die Bar.

Wir saßen alle an den großen zusammengeschobenen Tischen, während Rudi mit einem verbindlichen Lächeln uns große Schnitten Pizza in die Mitte legte und die bestellten Drinks servierte. Ich schnappte mir ein Stück mit viel Salami und beträufelte dieses vorsichtig mit etwas bereitstehendem Tabasco aus Rudis Zutatenschrank.

Herbert nickte wissend.

"Ich erinnere mich noch genau: Bei einem Con in Usbekistan habe ich mal eine Chilisauce gehabt, da ist Tabasco ja gar nichts dagegen! Feurig! Belebend!"

Natürlich. War ja klar. Herbert kann es mal wieder am allerbesten. Jetzt regte sich aber in mir nagender Widerspruchsgeist. Für scharfe Gewürze bin ich der Spezialist!

Ich zog also nonchalant eine Augenbraue hoch.

"Ja natürlich, Tabasco muss man unbedingt in großen Mengen verwenden, sonst verliert sich die angenehme Würzung völlig in der Tomatensauce!"

Ich griff erneut zu der Flasche und bedeckte das Pizzastück mit einem gleichmäßigen Flüssigkeitsfilm. Rudi beugte sich über den Tresen in unsere Richtung.

Spezialitäten aus der Asimov-Kellerbar

"Weganische Feuerschnecke"

Die "Weganische Feuerschnecke" ist eine Sonderabfüllung für die Asimov-Kellerbar. Der Kräuterschnaps wird nach einem speziellen Verfahren unter Zuhilfenahme von Pfeffer und Chili gewonnen und ist an der Bar erhältlich.
Stammgäste der Bar können diese deutsche Original-Spezialität mit 50% Volumenprozent als 20 ml-Portionsfläschchen oder in der ökonomischen 0,35-Liter-Flasche beim Wirt erwerben.
Wird auch frei Haus geliefert.

"Tabasco? Das ist ja nur was für Anfänger. Ihr solltet mal eine "Weganische Feuerschnecke" probieren. Echter deutscher Pfeffer- und Chilischnaps, für die Kellerbar produziert. Garantiert feurig. Originaldeutsche Abfüllung. Das ist nur was für ganze Männer!"

Gleichmütig nickte ich Rudi zustimmend zu. Dieser stellte uns eine Flasche "Weganische Feuerschnecke" nebst zwei gefüllten Schnapsgläsern auf den Tisch.

Lächelnd nahm ich einen kleinen Schluck. Die Gespräche der anderen Gäste waren verstummt, man beobachte mich mit lauerndem Blick.

Haaaa!! Diese Feuerschnecke war seeehr scharf, und die kleine Flüssigkeitsmenge verursachte selbst einem geübten Tabasconutzer wie mir deutliche Schärfegefühle.

"Vorsicht, nicht übertreiben! Verdammt scharf!"

"Zu scharf für Dich?" Herbert lächelte lauernd.

"Nein, überhaupt nicht. Es ist vielleicht etwas... aromatisch. Rudi, könnte ich noch von Deinen Chiliflocken haben?"

"Kein Problem!"

Rudi stellte mir einen Streuer hin.

Gleichmütig bedeckte ich die Flüssigkeitsoberfläche des Schnapsglases mit einer soliden Abdeckung aus gequetschten Chilikernen.

"Hmmm! Lecker!" Ich schütte den Rest auf ex in mich hinein.

HAAA! Feurige Flammen der Unterwelt trafen meine Schleimhäute, der Schmerz verbrennenden Gewebes durchzog meinen Mund in Richtung Magen. AAAARGH! Ich hatte das deutliche Gefühl, dass die Chilischoten die Schärfe des Drinks im Durchschnitt eher reduzierten denn verstärkten.

"Herbert, Du auch?" krächzte ich lauernd.

Herberts Augen wurden klein. Er dachte nach. Alle anwesenden Frauen starrten ihn an. Jetzt gab es für ihn kein Zurück mehr.

"Klar, gib her!"

Ich reichte ihm das voll eingeschenkte Glas, er schüttete es lächelnd in sich hinein. Interessiert beobachtete ich, wie die Pupillen seiner Augen sich auf Stecknadelkopfgröße verengten, bevor krächzende Geräusche sich seiner Kehle entrangen. Er griff blind nach einem herumstehenden Bierglas und trank es leer. Ich nutzte seine taktische Niederlage selbst für einen kurzen Schluck, um das schreckliche Brennen dieses furchtbaren Getränkes in meinem Mund etwas zu betäuben. Herbert war jetzt leichenblass.

"Oh ja, gut, aromatisch gewürzt!"

Rudi mischte sich aus Richtung der Bar ein:

"Ihr trinkt das völlig falsch: Man nimmt einen kompletten Schluck und behält diesen 30 Sekunden im Mund. Dann mit der Zunge hin- und herschwenken, und dann erst schlucken!"

Herberts Augen flackerten angstvoll. Jetzt habe ich Dich, Freund!

"Natürlich probieren wir das mal so. Das kann uns doch nicht schocken, gell Herbert?" Er schüttelte langsam den Kopf.

Ich nahm die Flasche und füllte unsere Gläser bis zum Rand.

Ich lächelte milde zu und schob Herbert sein Glas hinüber. Wir schütteten den Drink in den Mund und behielten den Schluck 30 Sekunden dort.

Diesmal war es *keine* brennende Schärfe. Es war das HÖLLENFEUER persönlich. Für einen kleinen Moment dachte ich, jetzt könne der Schmerz nicht mehr stärker werden. Das war kurz bevor diese Lawine von brennendem Napalm meinen Gaumen flutete. Mein Atem stockte. Wie loderndes Benzin floss es brüllend durch meine Kehle und erreichte in feurigen Tropfen meine krampfenden Innereien. Schweiß flutete über mein rötliches Gesicht, Tränen schossen in meine Augen. Die Agonie des Schmerzes war unerträglich. Soweit ich durch einen rötlichen Schleier erkennen konnte, versuchte Herbert verzweifelt schluchzend, eine Flasche herumstehende Prosecco mit den Zähnen zu öffnen, um sich durch das Getränk Linderung zu verschaffen. Seine Hände krampften sich konvulsivisch um seinen Magen.

"Ist... nicht... scharf... Ich... weine... nur... wegen... der... letzten... Beschlüsse... des... SFCD-Vorstands... Bin... nicht... damit... einverstanden..."

Währenddessen versuchte ich, mit rhythmischem Stechen der Gabel auf meinen Oberschenkel einen lindernden Gegenschmerz zu erzeugen und meine Lungen zur erneuten Aufnahme der Atemtätigkeit zu bewegen.

"Geht... mir... auch... so.... War... alles... schrecklich... traurig.... Wir... sollten... jetzt... gehen."

Aneinandergeklammert verließen wir wankend den Asimov-Keller.

Seltsam: Seither hat mich Herbert nie wieder eingeladen.

Regelmäßige Leser der ANDROMEDA NACHRICHTEN haben sich schon immer gefragt, wie eine solche Publikation bei so vielen unterschiedlichen Inhaltslieferanten überhaupt jemals pünktlich fertiggestellt werden kann.

Doch es funktioniert! Ausgabe für Ausgabe!

Was aber ist das Geheimnis? Wie schaffen es die Redakteure nur immer wieder, ihre Beiträge rechtzeitig abzuliefern?

Es ist daher an der Zeit, dieses erstaunliche Phänomen einmal genauer zu beleuchten.

In letzter Minute

**Zu den ärgerlichsten der schlechten Angewohnheiten der Menschen gehört es, wichtige Dinge bis auf die allerletzte Minute aufzuschieben. Examensarbeiten, Berichte, Steuererklärungen – alles wäre ohne Stress zu erledigen, wenn man diese Arbeiten rechtzeitig anfangen und sie damit auch ohne Zeitdruck beenden würde. Doch leider gibt es viel zu viele willensschwache Gestalten, die sich nicht rechtzeitig an die notwendigen Arbeiten machen.
Ich kann so ein Verhalten nicht verstehen.
Und auch nicht, warum es bei mir genauso ist.**

Zu den regelmäßigen Verrichtungen im Laufe eines Jahres gehört für mich die Abgabe meiner AN-Satire. Schon Monate vorher wird mir vom verantwortlichen Redakteur der Termin genannt, an dem das Werk druckfertig vorliegen muss. Ich bestätige regelmäßig den genannten Zeitpunkt und beginne mit einer großzügig dimensionierten Terminplanung: Allgemeine Recherche über relevante Themen, Brainstorming mit Freunden und Verwandten unter Zuhilfenahme handelsüblicher Alkoholika, Erstellung des Exposees, Schreiben der ersten Entwürfe, dann mehrmalige Reinschrift und Prüfung der neuen Satire unter Zuhilfenahme verschiedener Gruppen von Testhörern. Schließlich Abgabe, sicherheitshalber 10 Arbeitstage vor dem genannten Termin.

Soweit die Theorie.

Aus unerfindlichen Gründen kommt es aber immer zu ungewollten Verzögerungen und Verschiebungen, so dass ich dann am Vorabend des Abgabetermins beschließe, die projektierten Vor- und Nacharbeiten einfach zusammenzufassen und dann unter Hochdruck eine neue Satire schreibe. Am nächsten Abend dann zum Herausgeber gemailt. Fertig.

Da ich unter zeitlichem Druck schnellere und bessere Arbeit abzuliefern scheine, konnten alle Beteiligten damit leben. Bis heue Nachmittag.

Da rief mich mein Chefredakteur mit besorgt-ärgerlichem Unterton an und sprach wie folgt:

„Du wolltest eine Satire abliefern. Gestern. Wo bleibt sie???"

Oh... Ja richtig. Da war doch dieser ungeplante Termin am Wochenende gewesen, mein schlechtes Gedächtnis, und äh...

„Bis wann brauchst Du die Satire?"

„Vor zwei Stunden wollten wir in den Druck gehen!"

„Ist Morgen okay?"

„Ist es nicht. Heute Abend. In *meinem* Feierabend, nebenbei gesagt."

„Ich maile es Dir zu."

„Das ist mir zu unsicher! Ich schicke jemand vorbei!"

Bevor ich protestieren konnte, hatte er bereits aufgelegt. Nun gut, ich hatte da zwar noch kein Thema, aber irgendetwas aus der Asimov-Kellerbar könnte es werden. Ich würde mich also gleich mal hinsetzen...

Dingdong!

Das war die Haustür. Ein besorgter Herr von den Gaswerken gab mir zu verstehen, dass es möglicherweise bei uns eine unangenehme Leckage in der Hauptzuleitung geben könnte. Ob er mal an den Hauptanschluss dürfe...

Ich winkte ihn ungeduldig in Richtung Keller weiter und begann auf einem Block eine neue Kellerbar-Satire zu skizzieren. Vielleicht etwas zum Thema „Fannische Frühlingsgefühle"?

Das Telefon läutete. Die Sachbearbeiterin vom Finanzamt hatte ein paar Fragen zu meiner Steuererklärung. Ich zögerte.

„Können wir das nicht vielleicht ein anderes Mal...?"

Mit kühlem Ton gab sie mir zu verstehen, dass man dies als mangelnde Kooperation bei der Aufhellung einiger Unstimmigkeiten meiner Angaben werten könne, ein Umstand, der bei einem späteren Steuerstrafverfahren durchaus zu meinen Ungunsten ausgelegt werden könne.

Es klingelte wieder. Ein Glück, dass man heutzutage drahtlose Telefone hat. Telefonierend ging ich zur Tür.

Am Eingang standen der bestellte Monteur für die defekte Spülmaschine sowie ein nicht eingeladener Vertreter der Versicherungswirtschaft. „Sie brauche ich schon mal gar nicht!"

„Wie meinen Sie das??" Das Finanzamt am Telefon war jetzt hörbar eingeschnappt.

„Nein, *Sie* meinte ich *nicht*! *Sie* sind schon in Ordnung!"

Der Vertreter betrachtete dies als Einladung und begab sich in das Wohnzimmer, um einige ausgedruckte Versicherungsvorschläge auf dem Tisch auszubreiten. Ich blickte verzweifelt auf die Uhr und knabberte an meinem Kugelschreiber. Der Titel meiner Satire würde lauten...

Ein Fluchen aus der Küche unterbrach meine schöpferischen Gedanken: Der Reparateur für die Spülmaschine hatte den Zulauf abgerissen, und Wasser ergoss sich herrenlos über den Küchenboden. Ein Nachbar, der das allgemeine Geschrei gehört hatte, kam eilends durch die offene Tür herbeigerannt und versprach mir zu helfen. „Du musst hier mit Deinem Daumen den Zulauf abdrücken. Nein, mit dem Rechten!"

Während ich den Wasserdurchfluss zu stoppen versuchte, kritzelte ich mit Links die ersten Zeilen meiner Satire auf den Block und gab gleichzeitig der misstrauischen Dame von den Steuerbehörden mit dem Telefon am Ohr plausible Erklärungen über die Abweichung von 250 Metern bei meinen Angaben zu der Fahrstrecke zur Arbeit. Unter dem ständigen Wassernebel und dem Fluchen des Monteurs vernahm ich einige segnende Worte von zwei Vertretern der Zeugen Jehovas, die ebenfalls das Haus betreten hatten. Der Mann vom Tiefkühllieferanten rief mir zu, er würde die bestellte Ware schon einmal in den Keller bringen, und warum es da so nach Gas riechen würde?

Ich nickte nur matt und kritzelte weiter.

„Da ist er!"

Zwei vierschrötige Gestalten mit der Anmutung des Frankfurter Bahnhofsviertels verdunkelten den Eingang und starrten mit blutunterlaufenen Augen auf mich herab.

„Ludendorf mein Name. Wir sollen die Satire abholen!"

Ich versuchte, ihnen die Ereignisse verbal zusammenzufassen und bat um ein paar weitere Minuten schöpferischer Arbeit, um das gewünschte Produkt dann gerne fertigstellen.

Die beiden Gestalten berieten sich kurz und nahmen mich dann einfach unter den Arm.

„Du hast 40 Minuten! Dann sind wir da." Der Ton spielte stark ins Bedrohliche.

Die Fahrt verging rasend schnell. Ich textete verzweifelt weitere Zeilen, während das Auto quietschend vor einem dunklen Gebäude in Murnau vorfuhr. Man schleppte mich hinein.

„Und, ist die Satire fertig?"

Ich atmete tief ein.

„Ja. Hier. 5300 Zeichen. Über das Schreiben von Science-Fiction-Satiren."

Mein Gegenüber lächelte sardonisch.

„Na also, ich wusste doch, dass Du das hinkriegst! Beim nächsten Mal schreibst Du Deine Sachen am besten mit ein bisschen mehr Vorlauf *vor* dem Abgabetermin."

Ich nickte.

Ganz sicher. Also, spätestens am Abend vorher.

In der öffentlichen Meinung herrscht die Vorstellung, ein Autor wäre ein von seiner literarischen Leidenschaft getriebenes Wesen, dass nur die Perfektion seiner Worte im Auge hat und dem die Meinung der restlichen Welt völlig egal ist.
Es mag solche Schriftsteller geben.
Nach meiner Erfahrung ist es aber ganz anders: Es gibt in Wirklichkeit nichts, was dem Autor wichtiger wäre als die Bewunderung seiner Leser.

Die Rückmeldung

Simone Edelberg gewidmet. Sie weiß schon, warum.

Ich speicherte mit einer erleichterten Handbewegung meinen Text auf dem Computer. Es war geschafft! Die Geschichte war endlich fertiggestellt.

Vor Monaten schon hatte das Con-Komitee völlig überraschend bei mir nachgefragt, ob ich nicht vielleicht eine kleine Geschichte für das Con-Programmheft schreiben würde. Humorvoll. Aber mit ernstem Hintergrund, locker und leicht, aber nicht zu albern. Und nicht verletzend. Ausgewogen, aber nicht angepasst. Schließlich, lobte man, wäre ich ja bekannt für meine vorzüglichen Schreibfähigkeiten.

Solche Wertschätzung ist nicht alltäglich. Und schließlich handelte es sich ja auch nicht um irgendeinen kleinen Converanstalter, der verzweifelt nach einer Möglichkeit sucht, das einseitige Werbeblättchen zu füllen. Nein, es würde sich um den Con der diesjährigen SFCD-Mitgliederversammlung handeln.

Geschmeichelt sagte ich zu.

Natürlich musste diese Satire etwas Besonderes werden. Ein Aushängeschild, sozusagen. Ein echter Reißer.

Nun schreibe ich ja nicht nur Science-Fiction-Fan Satiren, sondern auch ganz normale humorvolle Geschichten aus dem Leben, 6.200 Anschläge im Schatten, pauschale Bezahlung.

Doch *diese* Satire sollte etwas Einmaliges werden. Ein Meisterstück. Es würde um die Tücken der Organisation eines Cons gehen.

Mehrere Monate reifte das geplante Kleinod zu einer exakt gezirkelten Geschichte heran.

Ein letztes Mal las ich Korrektur. Und nach der Beseitigung einer noch vorhandenen, kaum erkennbaren stilistischen Holprigkeit, schickte ich meine perfekte Geschichte per EMail an die Haupt-Organisatorin des Cons.

Meine mir eigene Bescheidenheit verbot es natürlich, meine Begeisterung durch unziemliche Prahlerei zu zeigen. So goss ich meinen Stolz in die Anmerkung, ich hätte da „ein kleines Stück für Euer Con-Heft" produziert, „vielleicht könnt ihr es ja brauchen".

Nun, die Qualität meines Werkes geistigen Schaffens, das durfte ich trotz aller Zurückhaltung sagen, würde für sich sprechen. Ein Meisterwerk aus meiner Feder.

Und tatsächlich! Wenige Minuten nach der elektronischen Versendung erreichte mich eine freudig-begeisterte Nachricht:

„Super, dass es geklappt hat. Drucke mir die Geschichte gleich mal aus und lese sie durch! Ich melde mich dann sofort wieder!"

Dies ist für jeden Verfasser geschriebener Worte ein weichenstellender Augenblick. Wird der Leser das gleiche Vergnügen bei der Lektüre empfinden? Wird er die Genialität der hart erarbeiteten Formulierungen nachvollziehen können?

Ich griff nach der Satire und begann parallel zu lesen. Da! Bei der Beschreibung des Einspruchs der lokalen Feuerwehr gegen die Veranstaltung wegen sittlicher Verrohung müsste der erste größere Lacher kommen. Und jetzt: die bissige Anmerkung zu den Kostümwettbewerben. Ein Brüller! Doch, ich war sehr zufrieden! Ein gelungenes Stück Humor, ein funkelnder Edelstein meines Esprit, geschmackvoll und witzig gleichermaßen. Jetzt mündete die Geschichte in ihren Höhepunkt. Die clevere Erwähnung der Ehrengäste. Finale. Zufrieden legte ich die Satire beiseite und wartete auf die begeisterte Rückantwort.

Es kam keine.

Eine Stunde später wurde ich unruhig. Immer noch keine Rückmeldung. Vielleicht hatte mich die gesendete EMail-Nachricht mit der jubilierenden Antwort gar nicht erreicht? Ich prüfte umgehend die Internetverbindung, um möglicherweise bestehenden Zustellproblemen auf den Grund zu gehen. Es gab keine. Alles einwandfrei und funktionsfähig. Seltsam.

Nach zwei weiteren Stunden ohne Antwort sagte ich mir, dass das Fehlen einer Rückmeldung doch ganz harmlose Ursachen haben kann. Ein Wohnungsbrand. Gewaltausbrüche der süddeutschen Urbevölkerung. Landung von Aliens. Ein Herzschlag wegen eines nicht unterdrückbaren Lachanfalls?

Warum meldet sie sich nicht? Warum bloß nicht??

Gegen Abend kam mir die Erleuchtung. Sie würde die geniale Geschichte natürlich zuerst ihren Kollegen im Organisationskomitee zeigen, bevor sie die hymnische Rückmeldung abgeben würde. Das war verständlich. Ein gemeinsam verfasstes Dankesschreiben und Preisungen des Autors ob seiner Fähigkeiten wären für die absolut geniale Geschichte selbstverständlich angemessen. Ich prüfte vorsichtig die Facebookaccounts der anderen Organisatoren, ob hier in halbprivater Weise der allgemeinen Begeisterung schon Ausdruck verliehen wurde. Nein, nichts. Nun, lange konnte die Rückantwort nicht mehr dauern. Ich wartete.

Am nächsten Morgen erwachte ich schlaftrunken vor meinem Computer. Ich checkte schnell alle eingehenden Nachrichten per Mail, Facebook, SMS. Nichts. Nicht ein einziges Wort. Nachdenklichkeit beschlich mich, die langsam einem dämmernden Entsetzen wich.

Es hatte nicht gefallen.

Und zwar ganz und gar nicht.

Wäre die Satire super gewesen – eine kurzer freudiger Begeisterungsausbruch per Mail, und fertig. Einzelne kleine Änderungswünsche – das Dankeschön per elektronischer Nachricht, mit der Bitte um eine Abänderung. Wir sind schließlich erwachsene Menschen und können mit konstruktiver Kritik umgehen.

Aber wenn es GAR NICHT gefällt? Wenn es einfach grottenschlecht ist? Die Conorganisatoren sind ja höfliche Leute. Da lesen sie diese Geschichte durch, ihre frohen Mienen weichen einem betreten Schweigen, jeder starrt den anderen an, einer spricht es schließlich aus: „Mein Gott, ist das *schlecht*! Miserabel. Unmöglich. Das können wir nicht bringen! Absolut *unterirdisch*. Wer sagt es ihm?"

Natürlich traut sich wieder keiner. Sie ziehen Streichhölzer, der unglückliche Verlierer entleibt sich im Anschluss lieber selber, anstatt das peinliche Gespräch mit mir zu suchen und sagen zu müssen: „Du, die Geschichte ist nix. Ruf bitte nie mehr an!".

Ich zerrte meinen Ausdruck hervor. Sooo schlecht konnte sie aber auch nicht sein. Vielleicht ein Detail der Geschichte? Ich erbleichte. Die Ehrengäste! Ich hätte mich nicht über den Jeschke lustig machen sollen! Vielleicht ist er verwandt mit einem der Organisatoren? Ich überflog die Zeilen. Gut, dass mit den Tänzerinnen und der Masseuse war schon ein bisschen frech, aber der Kruschel bekommt doch auch einen kleinen Seitenhieb... Und die Zietsch! Auf der anderen Seite, wer weiß schon, wie diese Prominenten ticken? Wahrscheinlich haben die Ehrengäste gleich ihren Anwalt angerufen und verklagen die Conorganisatoren sicherheitshalber schon einmal wegen putativer Ehrabschneidung. Ich blickte nervös auf den Briefschlitz, so als erwartete ich das Eintreffen der Unterlassungsklage jede Minute.

Das ist das Ende. Ich stehe auf der schwarzen Liste!

Auf der anderen Seite: Die haben doch auch Humor.

Was kann es dann sein? Ich blätterte noch einmal durch die Seiten. Die Erwähnung des SFCD-Vorstands? Nein, harmlos. Sollte es tatsächlich...

Das musste es sein! Als kleinen Gag hatte ich die Namen der tatsächlichen Conorganisatoren mit in der Geschichte untergebracht. Natürlich mit ein paar kleinen Scherzen. Ich erbleichte. Ich hätte bei der Beschreibung von Helge nicht „kleiner, aufgestumpfter Gartenzwerg" schreiben sollen. Auch die Darstellung von Ellena als trunksüchtiger, nur spärlich bekleideter Con-Vamp war vielleicht dazu geeignet, bei nicht so humorvollen Zeitgenossen für ein gewisses Befremden zu sorgen.

Und das Rezept aus der Asimov-Kellerbar. Da hatte ich den Namen von Thomas hinein verballhornt: King-Tom, der Drink von und für völlig Bekloppte.

Das war es also. Kein Wunder, dass hier keine schriftliche Antwort eintreffen würde. Wahrscheinlich waren sie außer sich. Und das Rollkommando schon unterwegs.

Das war das Ende. Nie mehr Cons. Kein Fanzine würde mich mehr drucken. Der SFCD würde mich wegen grober Verletzung von ethischen Grenzlinien belangen, Michael Haitel würde nie mehr an meinen Buchtiteln herummeckern. Der Buchhändler würde mich schneiden.

Ich beschloss, meinem jetzt unnützen Leben ein Ende zu bereiten.

Auf der Dachkannte und kurz vor dem Sprung stehend, winkte mir ein Feuerwehrmann unten am Sprungtuch zu und beschied mich, dass eine dringende EMail für mich eingetroffen wäre. Ich ließ mir mein Smartphone reichen:

„Super Geschichte! Kam leider erst heute erst dazu, sie zu lesen. Erste Klasse!!"

Würdevoll trat ich von der Dachkannte zurück.

Ich hab's doch gleich gewusst.

Und hier ist sie nun:
Die in der vorigen Geschichte erwähnte Satire für das Conbuch des MUCCON – Phantastische Buchmesse in Garching bei München, vom 25.10. bis zum 27.10.2013.
Am Samstag dieser Veranstaltung hatte ich das Vergnügen, mit dem ersten Band "Geschichten aus der Asimov-Kellerbar" eine kleine Buchlesung zu veranstalten.
Die nachfolgende Satire gibt einen Einblick in die harte Realität der Organisation eines Science-Fiction-Cons.
Erwähnenswert wäre dabei noch, dass die genannten Personen tatsächlich zum Organisationskomitee gehörten.

Nur wenig ist dem einfachen Science-Fiction-Fan über den harten, entbehrungsreichen Einsatz eines Con-Organisationskomitees bekannt. Deshalb soll an dieser Stelle die nackte und ungeschminkte Wahrheit dokumentiert werden. Wir befinden uns in der Asimov-Kellerbar, der ersten und einzigen SF- und Literatur-Kneipe Deutschlands, die in diesem Jahr zum Zentralstützpunkt der erfahrenen und leidenschaftlichen Con-Organisatoren des Muccons gewählt wurde, um am Puls des Science-Fiction-Fandoms das Con-Ereignis des Jahres zu managen.

Geburt eines Con-Veranstalters

Alice B. Sheldon gewidmet

»Hallo, hier Muc-Con-Org. Ich rufe an wegen ... Was? ... Nein, *nicht* Mykonos. MUC-CON-ORG. Ich arbeite für das Organisationskomitee des Muccons!«

Herbert Hechtenberg wischte sich den Schweiß von der Stirn, während er sich das eine Ohr zuhielt, um nicht von den Geräuschen im vorderen Teil der Asimov-Kellerbar abgelenkt zu werden.

»Nein, das hat nichts mit *Mucke* zu tun. Das ist SF. Wir haben ... Wieso Schweinekram? Ich glaube, *Sie* meinen SM ... Nein, wir haben im Oktober Ihr Kulturzentrum gemietet, und ich wollte nur noch mal nachfragen, ob auch ... Hallo? Hallo? Aufgelegt!«

Er blickte neugierig zu Torsten Low, der verzweifelt an einem Handy hing und ebenfalls in einen regen Wortwechsel verwickelt zu sein schien. Mit einer resignierenden Handbewegung hielt dieser schließlich das Mikrofon zu.

»Herbert, große Katastrophe! Mit der Verpflegung wird nichts. Der Caterer hat angerufen und gesagt, wenn wir nicht feste Mengen ordern, wird er kein Essen liefern können! Ich glaube, das können wir knicken.«

»Gib mal her! Und: Besorg mir an der Bar bitte noch so einen Cocktail. Irgendwas, sonst dreh ich hier noch durch!«

Er griff das Telefon

»Hallo, hier Hechtenberg, Muc-Con-Org ... Nicht Mykonos, nein, das heißt *Muc-Con-Org. Org* wie Organisationskomitee. Ja, das ist uns klar, dass das nicht direkt verständlich ist. Ich höre, es gibt Probleme bei der Verpflegung? Sie wurden uns aber von der Gemeindeverwaltung als *erstklassig* geschildert und *wärmstens* empfohlen. Man sagte uns, dass Sie problemlos für Verpflegung sorgen könnten. Würstchen, belegte Brötchen, Getränke. Ich sehe daher nicht ganz das Problem ... Nein, wir können und wollen kein Großbankett anbieten! Das sind Science-Fiction-Fans. Das funktioniert bei denen nicht ... Wieso *Fickschen*? Nein, Fiction! Mit C. Kommt von Fiktion – Sie wissen schon, Zukunftsgeschichten ... Ja, genau! Kennen Sie Star Trek? ... Nein, das hat nichts mit Müll zu tun.

Enterprise?... Jaa, exakt! So Verrückte mit spitzen Ohren ... Betrachten Sie uns einfach als eine große Menge von Enterprise-Fans. Und die wollen kein Festbankett. Auf jeden Fall wollen sie es nicht bezahlen. Deswegen können wir auch nicht für 500 Personen in Vorlage treten ... Das verstehe ich, aber ... Ja, ich persönlich mag Lachsschnittchen und Kaviarhäppchen an Entenrisotto sehr gerne, aber ... Nein, wir dachten wirklich mehr an Siedewürstchen und Brötchen. Haben Sie auch Kuchen? ... Was halten Sie davon: *Sie* machen Verpflegungsdirektverkauf, und ich lege das *exklusive* Bierverkaufsrecht drauf! ... Genau, bei diesem Wetter ist das Gold wert. Und diese Science-Fiction-, ich meine Enterprise-Fans, die trinken wirklich gut. Ja, da sind auch Saupreißn dabei, aber die bechern mindestens genauso viel ... Aber vertragen nicht so viel. Haha! Wir sind uns also einig? Na, dann, pfiat eahna god!«

Er reichte das Handy zurück und beugte sich zu Simone Edelberg hinüber, die angestrengt über den Zahlen mit der Anmeldung brütete.

»Siehst du, man muss mit den Leuten nur richtig reden! Was ist denn das Problem mit den Anmeldungen? Zu wenig? Torsten, WO BLEIBT MEIN DRINK? Läuft das mit der Werbung nicht richtig?«

»Herbert, wir haben ein echtes Problem. Die untere Brandschutzbehörde will wissen, wie viel Teilnehmer wir im Hauptsaal haben. Wegen der verschärften Brandschutzvorschriften und der neuen kommunalen Versammlungsordnung. Ich habe denen die bisherigen Zahlen durchgegeben, und sie wollen jetzt wissen, ob wir auch eine ausreichende Zahl eingewiesener Brandschutzhelfer bereitstellen. Sonst könnten die geplanten Veranstaltungen in den Hallen aus Sicherheitsgründen nicht genehmigt werden. Sollten wir weitere Anmeldungen besser erst einmal auf Eis legen?«

»Kommt nicht infrage!« Herbert schlürfte die giftgrüne Mischung aus dem Stielglas in einem Schluck.

»Tina, wie heißt das Zeug?«

Tina Low starrte auf die Karte an der Bar.

»Orion-Nebler.«

»Und was mussten wir dafür auslegen?«

»Nichts.«

»Das ist gut!«

»Rudi, der Wirt, meint, er würde es auf die Schlussrechnung setzen!«

»Na, so haben wir das aber nicht im Sinn gehabt. Weiß sowieso nicht, warum wir unser Con-Krisenzentrum ausgerechnet in diese Asimov-Kellerbar verlegt haben. Egal! Stefan, gib mir mal die Nummer von dieser unteren Brandbehörde, oder wie das heißt. Ja, das klären wir schon. Und besorg mir noch so ein paar *Nebler*. Ich habe echt Durst!«

Er wartete ungeduldig, während Stefan Kuhn die Nummer wählte und ihm dann beim Erscheinen des Klingelzeichens den Hörer reichte.

»Ja, hallo! Grüß Gott, Hechtenberg hier, vom Muc-Con-Org ... Ja genau, Mykonos. Wie die Stadt. Wir haben da in ein paar Tagen diese Wochenendveranstaltung im Bürgerhaus. Großer Con, äh, Kongress.

Und da gäbe es angeblich ein feuerpolizeiliches Problem. Kann ich mir doch irgendwie gar nicht vorstellen? Haben Sie Kinder? ... Was halten Sie denn davon, wenn wir denen, Ihnen und Ihrer Frau, vielleicht auch noch der Verwandtschaft, ein paar Freikarten zukommen lassen? Toller Science-Fiction-Kostümball mit Preisverleihung. Ne Riesengaudi! ... Äh, nein ... Natürlich ... Nein, das war selbstverständlich nur ein Scherz ... Ich wollte damit *keinesfalls* andeuten, Sie würden die öffentliche Sicherheit für Freikarten ... Ich verstehe, aber wir müssen da doch eine pragmatische Lösung finden können? Deswegen ... – Bleiben Sie mal gerade dran ...«

Er drehte sich um, während Mark Pepper ihn verzweifelt an der Schulter rüttelte.

»Was ist denn?«

»Der Jeschke ist in der Leitung. Er fragt, ob der Champagner in seinem Autorenraum auch wirklich gut gekühlt sei. Er habe da schon mal Traumatisches erlebt.«

»Wieso Champagner? Von Champagner war *nie* die Rede! Er bekommt schon das Fünf-Gänge-Menü aus dem Feinschmeckerrestaurant Wölfelstein, er hat seinen eigenen Ruheraum mit Früchte-Bouquet, klassischer Musik und einer Massageliege. Die Masseuse nicht zu vergessen! Wir können bei den Ehrengästen nicht unbeschränkt Zugeständnisse machen!«

Pepper nickte zustimmend.

»Auf die Masseuse hat er ja schon verzichtet. Aber dafür freie Getränke während des ganzen Cons, gekühlt, sowie Frucht-Cocktails ab 18 Uhr. Und er sagt, ohne Champagner gibt's auch keinen *Meet and Greet* ...«

»Dann gibt's halt keinen. So geht das nicht. Wenn er Champagner will, dann will die Edelberg das auch!«

»Die kriegt schon ein Likörsortiment. Und freies Gebäck. Und Obst!«

»Wer hat das denn genehmigt?? Dann müssen wir dem Kruschel und der Zietsch das Essen wieder streichen! Doch, das geht. Das muss! Wir kommen sonst nicht durch, rein finanziell. Gib mir mal den Jeschke ans Telefon!«

Er lehnte sich zurück und starrte blicklos auf den großen handgemalten Flugdrachen an der Wand des Kellers, der maltechnisch seiner Vollendung zustrebte.

»Hallo Herr Jeschke! Hier ist Hechtenberg vom Muc-Con-Org! Ich höre, Sie haben da noch Getränkewünsche? ... Nein, *Moët & Chandon* hatten wir eigentlich nicht ... Es ist mir klar, dass man im 12er Karton die Flaschen ein wenig günstiger bekäme ... Herr Jeschke, wir möchten Sie *unbedingt* dabei haben. Deswegen wäre ich bereit, für Sie die Tänzerinnen zu engagieren, wenn wir uns auf eine Kollektion Winzersekt, gekühlt, einigen könnten. Die zahle ich Ihnen aus der eigenen Tasche ... Herr Jeschke, Sie sind ein harter Verhandlungspartner. Machen wir's doch so: Sie bekommen die Tänzerinnen, den Winzersekt sowie für die drei Tage ein *exklusives* Nachtischbuffet *nur* für Sie. Und als Zeichen meines guten Willens lege ich noch was oben drauf: Programmtechnisch setzen wir parallel zu Ihrer Podiumsdiskussion den Klaus Marion mit seiner Satirenlesung ... Genau. Da sind dann auf jeden Fall alle Con-Besucher bei Ihnen ... Außer dem Marion, natürlich. Ha Ha ... Ja, so machen wir's! Herr Jeschke, immer wieder ein Vergnügen ...«

Er schüttete einen weiteren *Orion-Nebler* herunter.

»Siehst du, so geht das! Nur der Winzersekt macht mir Sorgen. Da müssen wir irgendwo sparen. Wie sieht das mit den Plätzen für die Aussteller aus? Können wir da noch was rausholen?«

Andrea Stevens schüttelte den Kopf.

»Da ist nichts zu machen. Wir haben die Tischpreise schon drei Mal erhöht und verlangen bereits eine bankgesicherte Hinterlegungsbürgschaft der Ausstellerbeiträge. Mehr geht einfach nicht!«

»Dann müssen wir andere Quellen anzapfen. Gib mir doch mal den Udo Klotz!«

Er betrachtete misstrauisch ein vor ihm stehendes Schnapsglas mit einer dunkelbraunen Flüssigkeit.

»Was ist denn das?«

»Mit einem Gruß vom Wirt. Nennt sich *Weganische Feuerschnecke.*«

»Weganisch??? Aber hoffentlich nicht vegetarisch, hm. Gib mal her!«

Er schüttete die dunkle Flüssigkeit in einem Schluck hinunter und griff nach dem Telefon.

»Hallo Udo! Ich ... chrr ARGG KRGLLL RCH A-RACHI KRRRAAAAAAA! Aaaah! Hallo? AAAAHHH!! Ist das scharf! WAS IST DENN DAS

FÜR EIN ZEUG?? Bringt mir was zum Löschen!!! Und den Kopf des Wirts! Hallo Udo, Entschuldigung, immer das Gleiche vor den Cons. Baustellen ohne Ende. Du, wie stehen wir beim Einkauf der nichtalkoholischen Getränke? ... So teuer im Einkauf? Ich meine, bei den Mengen Mineralwasser und Limonaden muss es doch auch billigere Liefermöglichkeiten geben ... Nein, aber wir müssen wegen dem Jeschke und dem Winzersekt hier einfach günstiger werden ... Das mit dem Sekt erkläre ich dir ein anderes Mal ... Also wir machen das so: Eine Flasche Mineralwasser und fünf Liter Leitungswasser in einen Eimer gießen, und danach die Mischung in sechs leere Originalsprudelflaschen abfüllen. Beim Verkauf drehen wir freundlich die Deckel ab, dann merkt man nichts, dass die schon mal geöffnet waren ... Genau, geht dann als *stilles Wasser* durch.

Damit gleichen wir auf jeden Fall die Verluste durch die fehlenden Alkoholeinnahmen aus. ... Ja, ist leider nichts mit dem Bierverkauf. Das mussten wir leider an den Caterer geben ... Ja, pfiat di!«

Er blickte irritiert auf die vor ihm liegende Liste.

»Wer macht die Autorenliste?«

»Die Simone. Die ist aber gerade rausgegangen.«

»Dann gib sie mir mal aufs Handy. Das kann doch nicht ...«

»Simone, ich habe gerade hier deine Anmeldeliste der Autoren. ... Ja, die ganz aktuelle Liste. Ich zähle hier 473 Autoren auf unserem Con! Das muss doch wohl ein Scherz sein? Natürlich weiß ich, dass wir Autoren kostenfrei die Teilnahme ermöglichen wollten, aber ... Ich dachte, wir hätten das besprochen? AUTOR ist eine Person, die ein Buch veröffentlicht hat. Der Herausgeber eines Vier-Seiten-Fanzines zählt bei uns *nicht* als ein solcher und kommt auch *keinesfalls* gratis ins Gebäude! ... Was? *Alle* haben ein Buch veröffentlicht? Wie geht das denn? ... Ach so, Book on Demand im Eigenverlag. Ich verstehe. Nee, so geht das nicht. Ich denke, wir müssen das anders anpacken. Wir erheben ab sofort für Autoren eine gesonderte Zutrittsgebühr! ... Natürlich weiß ich, dass das etwas ungewöhnlich ist ... Wieso begründen? ... Dir fällt doch sicher was ein! Phantasie ist gefragt. Sag einfach, wir müssten für Autoren einen gesonderten Personenschutz organisieren. Damit sie nicht von neidischen SF-Fans angepöbelt werden ... Genau! Auch wenn ich einige Fans kenne, die dringend angepöbelt werden sollten ... Nein vergiss das wieder. Sind nur meine Nerven! WAS DENN?«

Mark Pepper kam besorgt auf ihn zu.

»Wir müssen etwas tun, die Lage bei den Kostümfestteilnehmern gerät außer Kontrolle!«

»Die Trekkies?«

»Nicht nur die! Auch die Elben machen Probleme. Und die Perry-Rhodan-Fans. Sie drohen mit Boykott. Könntest du mal die Verantwortlichen anrufen?«

»Klar. Ich rufe mal den Ulf von den Trekkies an ... Hallo Ulf, hier ist der Herbert Hechtenberg von Muc-Con-Org. Nein, ich bin *nicht* im Urlaub. Muc-Con-Org. ... Wieso Orks? ... Hahaha, ja ein nettes Scherzchen! ... Jetzt aber mal zur Sache. Ich habe da schon gehört, dass es ein Problemchen gibt mit den Next-

Generation-Darstellern ... Ja, ich weiß, dass ihr die *wahren* und *einzigen* Star-Trek-Darsteller seid. ... Beim heiligen Kirk, so kannst du aber nicht an die Sache herangehen! ... Nein, wir werden *keinesfalls* die Next-Generation-Kostümierten als *niedere Kreaturen einer völlig verfälschten und nachgemachten Serie* im MucBuc titulieren. ... Das ist schade, dass du das so siehst. Bleib mal dran, ich kläre das gerade mal intern ...«

Er beugte sich über den Tisch.

»Gebt mir schnell die Susi auf die andere Leitung!«

»Muc-Con-Org, hallo Susi! ... Wie? Nein ich bin nicht in Spanien im Urlaub! Mykonos liegt im Übrigen in Griechenland! Wie auch immer: Was macht die medizinische Kunst in der Krankenstation der Enterprise? Haha. Du, ihr kommt doch als ganze Motivgruppe zum Kostümfest auf unseren Con? Ich habe da ein kleines Problem namens Ulf ... Genau der. Ich frage mich gerade, ob eure Worf-Darsteller vielleicht ein Schild tragen könnten, so sinngemäß mit: *Ich bin ein elendig nachgemachter Vulkanier*? ... Nicht. Das dachte ich mir schon ... Wieso Kampfschwerter? Nein, so geht das nicht! Ihr werdet keine Spruchbänder mit *Kirk ist dämlich* tragen! ... Ja, das ist mein letztes Wort! Pfiat di!«

»Ulf, bist du noch dran? Keine Chance, sie sind keinesfalls zu Selbstkasteiungen bereit. Wir machen das anders: Ihr bekommt eigene Räumlichkeiten, und Mitarbeiter des Con-Teams werden große Tücher zwischen eurer Gruppe und den Next-Generation-Leuten spannen! ... Genau! Verfluchen geht in Ordnung, aber nur absolut geräuschlos. Alles klar, dann bis zum Con!«

Er rief nach Torsten Low.

»Was ist das jetzt mit den Elben? Wieso beschweren die sich über die Trekkies? ... Natürlich haben die Vulkanier auch spitze Ohren. Na und? Haben die vielleicht die Ohren gepachtet? Okay, wir machen auf jeden Fall getrennte Umkleideräume. Gibt mir noch mal die Ullie!«

»Muc-Con-Org, Hechtenberg hier. Was? Sagt mal, rede ich irgendwie undeutlich? MUC-CON-ORG ... Okay, die Ankürzung habe ich nicht erfunden. Nein, in Mykonos war ich noch nie! Ist aber jetzt auch egal. Wir müssen eine verfahrene Lage klären: Spitze Ohren! ... Ja, genau. Ich habe hier *Riesenärger* mit den verschiedenen Kostümgruppen. Jeder beharrt darauf, dass spitze Ohren für sie alleine gepachtet sind ... Ja, alle miteinander, Trekkies, Nextler, Elbenvertreter ... Ja, sogar die Perry-Rhodan-Gruppe fühlt sich angegriffen. Und die Joda's Star Wars Fraktion mischt auch mit ... Das gibt richtig Ärger auf dem Con ... Ich habe da schon was von Puppenverbrennungen gehört. Deswegen habe ich da so eine Idee entwickelt: Könnten wir nicht einen Ohrenbedeckungszwang verkünden? ... Was weiß ich? Kann man nicht religiöse Gründe anführen? Immerhin wurden doch bei einer Volkszählung die Jedi-Ritter in Schweden als die viertstärkste Religionsgruppe gezählt! ... Natürlich ist das Unsinn, aber irgendwie müssen wir aus dieser Kiste rauskommen ... Das ist es! Spitze Ohren müssen während des Cons aus sittlich-religiösen

Gründen mit einem Band verborgen werden! Sie dürfen nur unter Ihresgleichen gezeigt werden! ... Kann man da noch irgendeinen positiven Kommentar von einem kommunalen Vertreter der Kirchenverbände bekommen? ... Bitte kümmere dich darum!«

»Puh, ich brauch noch einen Drink von der Bar! Und dieser Barautor, der Frank Außenstein: Holt mir den her! Der muss noch etwas Künstlerisches schreiben, von wegen sittlicher Verdeckung von spitzen Ohren oder so!«

Tina fuchtelte mit den Armen:

»Ich habe hier eine Gleichstellungsbeauftragte am Telefon. Sie will mit dem Verantwortlichen sprechen! Nimmst du ...?«

»Hallo, hier Muc-Con-Org. Was kann ich für Sie ... Nein, nicht die Stadt ... MUC-CON-ORG. Ich leite das Organisationskomitee des Muccons! ... Was soll das heißen, dass wir frauenfeindlich sind? ... Das sehe ich nicht so. Wir versuchen wirklich, unserer Rolle als Avantgarde einer nicht diskriminierenden Zukunft auf allen Ebenen gerecht zu werden ... Wieso öffentlicher Boykott unserer Veranstaltung? Das können Sie doch nicht machen! ... Natürlich, auf manchen Titelbildern des Subgenres Fantasy finden sich nur *unzureichend* bekleidete Personen weiblichen Geschlechts ... Ich möchte aber zu bedenken geben, dass zum Schwertkampf auf einem fliegenden Drachen leichte Lederbekleidung durchaus sinnvoll sein kann. Aber das sagt ja nichts über unsere Einstellung zur Gleichberechtigung aus. Haben Sie schon mal

Conan der Barbar gesehen? Die Männer tragen noch weniger ... Unser Con ist auf jeden Fall demokratisch, gleichberechtigt und *nicht* frauenfeindlich ... Es heißt übrigens *der Con*, nicht *die Con*! ... Warum? Weil das aus dem Englischen ist. Die Abkürzung von *Veranstaltung*, CONVENTION. *Die* Convention, äh ... Oh! Sie haben recht! *Die* Con! ... Ja, wir sind durchaus lernfähig. Unsere Con wird eine völlig gleichberechtigte Veranstaltung werden, dafür sorge ich *persönlich*! ... Nein! Ich spreche umgehend mit *der* Kartenverkauf! Ja, *die* bunte Abend werden wir selbstverständlich auf patriarchalische Redensweisen durchforsten. ... Wenn wir jetzt noch die Schreibweise*In* und das Titelbild*In* entsprechend anpassen, sollte das doch eine lobende Erwähnung*In* in Ihrer Pressemitteilung*In* wert sein? ... Ja, ich sehe, wir verstehen uns! Eine schöne Tag noch!«

»Puh, das war knapp!«

Andrea legte ihre Hand auf Hechtenbergs Schulter.

»Sag mal, willst du eigentlich noch mit dem Menschen von der Feuerwehr auf Leitung zwei sprechen?«

»Oh Gott, den habe ich ja *ganz* vergessen! Gib ihn mir! Ja, hallo, Sie sind ja Gott sei Dank noch dran! ... Nein, natürlich habe ich Sie nicht vergessen, ich musste hier nur schnell ein sicherheitstechnisches Problem besprechen, Sie wissen ja, wie das ist! Genau, die Sicherheit kommt *immer* zuerst! Jetzt noch mal zu der Sache mit den Brandschutzhelfern: Wäre es denn eine Möglichkeit, wenn wir die passende Zahl von Brandschutzhelfern *während* der Veranstaltung ausbilden würden? ... Ja, und die Veranstaltung damit als brandschutztechnische Übungseinheit gestalten ... Ach so ... Aber die Teilnehmer der Brandschutzausbildung zählen *nicht* als Gäste. Also, jetzt mal angenommen, 500 Teilnehmer würden bei der Ausbildung mitmachen, die würden dann feuerpolizeilich *nicht* als Teilnehmer zählen? ... Ich bin mir klar, dass das ungewöhnlich ist, aber damit hätten wir die Kuh doch vom Eis? ... Genau! Und die Freikarten für Ihre Familie gibts trotzdem! Alles klar! War mir eine Freude!«

Er griff erneut zum Hörer.

»Simone, der bunte Abend muss etwas umgestellt werden. Wir machen stattdessen eine Ausbildung zum Brandschutzhelfer mit allen Teilnehmern! ... Quatsch, das merkt keiner. Vielleicht kann ja jemand die Ausbildungsinhalte singen? So im Stil der Dubliners? *Flu-hucht-wege dürfen nie, tralala, niemals zugestellt wer-den!* Melodie auf *Paddy Goes to Holihead*! Klär das mal. Das wäre doch was für den SFCD-Vorstand, oder? Die können ruhig auch was beitragen! Die Teilnehmer halten das dann sicher für eine Scharade oder das normale Abendprogramm! Natürlich sollten wir vorher ordentlich Alkohol ausgeben!«

Lautes Geschrei am Ausgang brandete herüber. Grölende Demonstrationsteilnehmer des Aktionsbündnisses *SF-Clubs für kostenfreien Con-Eintritt* versuchten sich gewaltsam zum Lokal Zutritt zu verschaffen, wurden aber vom Wirt unter Zuhilfenahme eines Pulverfeuerlöschers sowie verschiedener scharf geworfener Südfrüchte wieder vertrieben.

»Chef, der Wirt will Feierabend machen. Er wäre jetzt seit 72 Stunden auf den Beinen.«

Hechtenberg blickte sich um. In der Ferne waren die Demonstranten zu hören, die vor der Asimov-Kellerbar auf die skandierenden Vertreter der Protestbewegung *SFCD-Mitglieder für mehr Satzungsparagraphen* stießen. Die anderen Mitglieder des Muc-Con-Org-Teams telefonierten oder arbeiteten an den aufgebauten Computerschirmen. Frank Außensteins Schreibmaschine klapperte im synkopischen Takt dazu.

Herbert Hechtenberg war fix und fertig. Durchgeschwitzt, müde, ausgelaugt. Und die lange Telefonrückrufliste rief nach weiterer stundenlanger Arbeit bei der Organisation dieses Cons.

Er seufzte.

Konnte es auf der Welt etwas Schöneres geben?

Gehört in Deutschland das Gründen eines Vereins sowieso schon zum guten Ton und sollte in jedem Lebenslauf zu finden sein, so ist gerade der Science-Fiction-Fan in jungen Jahren von dem unwiderstehlichen Zwang getrieben sein, einen Club zu gründen. Auch der Autor dieser Zeilen hat sich in jugendlicher Zeit mit diesem Hobby beschäftigt.

Die dabei gewonnenen Erfahrungen schienen mir so wichtig zu sein, dass ich diese vor Jahren in den ANDROMEDA-Nachrichten in einem Mehrteiler unter die Lupe genommen habe.

Ein zeitloses Dokument.

Beginnen wir also mit der Betrachtung des Namens unseres neu zu gründenden SF-Vereins.

Wir gründen einen SF-Verein
Teil 1: Der Name

**Irgendwann im Leben eines jeden jungen, aufstrebenden SF-Fan kommt der unausweichliche Moment, wo sich der nachwachsende Eleve fragt:
Warum gründe ich nicht einen Verein?
Sobald dieser Wunsch Gestalt annimmt, wird der typische SF-Fan nicht länger ruhen, bis er dieses Ziel erreicht hat.
An dieser Stelle möchte ich mich in unregelmäßiger Folge mit den Grundlagen dieses Phänomens auseinandersetzen und dem geschätzten Leser Hinweise und Tipps geben, wie er seinen Plan erfolgreich verwirklicht.**

Generationen von Soziologen haben sich schon mit diesem gleichermaßen mysteriösen wie interessanten Phänomen beschäftigt. Während der avantgardistische Teil dabei von einem Ausfluss selbstorganisierter Prozesse im Rahmen der Chaostheorie spekuliert, neigt der überwiegende Teil der klassischen Freudschen Schule mehr zu einem sexualbestimmten Eroberungsmuster in Form eines sublimierten Sippengründungswunsches.

Dazu ein hochinteressantes Zitat:

"Die Gründung eines Vereins ist eine Manifestation der Nächstenliebe. Der christliche Wunsch zu dienen wird unterstützt durch die selbstlose Liebe zum Mitmenschen. Der Verein dient dabei als organisatorische Keimzelle des selbstlosen helfen-wollens in seiner ganzen Tiefe, in seiner Hinwendung zur leidenden Kreatur."

Soweit Albert Schweitzer.

Das ist natürlich alles Unsinn.

In der Praxis gründet man einen SF-Club, um endlich mal als Vorsitzender etwas zu sagen zu haben, die Rezensionsexemplare der Verlage abzugreifen, mit edlem Briefpapier anzugeben, auf Clubkosten zu tollen Cons zu fahren und diese miese Kreatur von stellvertretendem Vorsitzenden mal richtig leiden zu lassen.

Dabei gilt es als unbestritten, dass die Gründung von Vereinen eine hervorragende Charakterschule ist, bei der wichtige Fertigkeiten für das spätere Leben verinnerlicht werden. So soll nach einer neueren Studie Saddam Hussein schon in jungen Jahren in Tigris einen Science-Fiction-Club namens "Die miesen prügelnden Schleimbeutel vom Sirius" gegründet haben. Das gleiche galt auch für Vlad den Pfähler sowie Dschingis Khan, wobei kritisch erwähnt werden sollte, dass bei diesen beiden Gründungen der Science-Fiction-Anteil wohl eher niedrig anzusetzen ist.

Doch kommen wir zur Praxis. Irgendwo, im stillen Kämmerlein, vor einem Stapel zerlesener Perry Rhodan Romane, wächst der Wunsch zu einer Club-Gründung ins Unermessliche.

Jetzt schnell zum Computer gegriffen und der Club-Zentrale die Neugründung mitgeteilt, und schon kann das Clubleben seinen Lauf nehmen...

HALT!

Nichts ist so wichtig wie der richtige Name des zukünftigen Sterns am Himmel der Science-Fiction Vereine. Unzählige hoffnungsvolle Clubpräsidenten haben dem Psychiater ihres Vertrauens auf der Coach liegend den gleichen Albtraum geschildert:

"Ich stehe beim Worldcon auf dem Podium. Wir stellen uns vor. Links von mir die Vorsitzende des *'Science-Fiction-Club Deutschland e.V.'*, rechts von mir der Vorsitzende des *'Europäischen Gesamtverbandes der im PEN organisierten SF-Autoren'*. Und in der Mitte: "Ich äh, bin äh der 1. Vorsitzende des *'Perry Rhodan Brieffreundeclubs Der liebe Gucky'*..."

Der Name des Clubs soll also gut überlegt sein.

Natürlich beherrscht der durchschnittliche Science-Fiction-Fan den Brauch der regelmäßigen Neugründung zur Lösung innervereinlicher Probleme. Doch mit Science-Fiction-Clubs ist es wie mit gutem Wein. Sie gewinnen durch schieres Alter an Gewicht und Klasse, was sogar die dämlichsten Vereinstitel aufwiegen kann (Man denke dabei an Namen wie *'Perry-Rhodan-Briefclub-Bullys-Schreibtisch'*).

Auf der anderen Seite wollen wir ja als Vorsitzender so richtig Eindruck schinden (wobei eine Besonderheit der SF-Szene ist, dass die Anderen meist ja nur den Briefkopf oder das Facebook-Bild kennen, nicht aber das tatsächliche Aussehen des pickeligen Gnoms, der dem Verein vorsteht).

Deswegen gilt der Namensgebung unser voller Augenmerk.

Erste Regel ist dabei die Vermeidung des Wortes 'Club'. Clubs sind klein, gemütlich und residieren im Dachspeicher der elterlichen Wohnung. Das ist zwar die Realität, dient aber nicht der Beeindruckung dritter Personen. Daher ist hier der Griff zum Synonymlexikon Pflicht. Viel interessanter sind doch Worte wie "Verband", "Organisation", "Zusammenschluss", "Liga", "Gilde", "Interessengruppe" oder "Vereinigung"!

Einen interessanten Touch bekommen wir mit veralteten Begriffen, die auf seriöse und altehrwürdige Traditionen hinweisen. "Kreuznacher Gilde der SF-Freunde" oder "Zunft der SF-Literatur Mittelrhein" bietet den seriösen Anstrich, der auch mittellose Verlage dazu bringt, uns Ansichtsexemplare ihrer Bücher zukommen zu lassen.

Interessant sind natürlich auch die adjektivischen Beigaben, die überregionalen Flair versprechen. "International", "europäisch" oder auch "weltweit" verbreiten eine wunderschöne Anmutung.

So gelang es dem Autor dieser Zeilen, im zarten Alter von 14 Jahren durch die Gründung eines *'Science Fiction Verbands International (SFVI)'* sich in die Spitzenliga der deutschen Phantastik-Avantgarde zu katapultieren (wobei dieser Club immerhin zeitweise 12 Mitglieder hatte, unter ihnen auch als Ehrenmitglieder Willi Voltz und Horst Hoffmann).

Vorsichtig sein sollte man mit Gattungsbeigaben wie "Perry-Rhodan Club". Derartige Angaben machen später meist lästige Umbenennungen notwendig, falls Sinn und Zweck des Vereinslebens sich etwas verschoben haben sollten, wo man doch seine Zeit und Energie auf das Niederhalten aufbegehrender Mitglieder verwenden muss.

Von vielen Clubgründern wird gerne mit dem seriösen Anstrich des eingetragenen Vereins, kurz e.V. geliebäugelt. Zwar hat dieser unbestreitbare Vorteile und gewährt neben der (eher theoretischen) Steuerbefreiung auch oftmals kommunale Vorteile bei Fördergeldern und dem Zugriff auf städtische Hallen für Cons. Dem steht jedoch ein bedenklicher Nachteil gegenüber: Die Satzung (die beim Amtsgericht hinterlegt werden muss), hat gewissen demokratischen Grundzügen Rechnung zu tragen, die es sehr schwierig machen, mit den unvermeidlichen miesen Kritikern in der Weise umzugehen, die diese undankbaren Geschöpfe verdient haben.

Lieber verwendet man daher monumentale Titel, die die Bedeutung des Vereines im Allgemeinen und die seines Vorstandes im Besonderen in der richtigen Weise zu betonen wissen. So hat der Titel *'Zusammenschluss der europäischen Science-Fiction-Freunde DAS UNIVERSUM'* etwas unbestreitbar würdiges, was durch die Abkürzung ZdeSFFDU in eindrucksvoller Weise unterstrichen wird.

Nachdem wir also jetzt unseren Namen gefunden haben, ist eine wichtige Hürde genommen.

Im nächsten Teil wenden wir uns dem Problem der Mitglieder zu.

Bevor wir uns weiter mit der Gründung unseres Clubs beschäftigen, betrachten wir erst noch ein anderes Thema.

Zu den Besonderheiten der Science-Fiction-Szene mit ihren Fans gehört die Wertschätzung, die das gedruckte und gebundene Wort bei ihren Vertretern genießt. Es gibt wohl nur wenige Gruppen von Fans, deren größter Traum die Veröffentlichung eines eigenen Buches ist.

Kaum ein echter Fan, der nicht von dem Moment träumt, auf einem Con als Buchautor aufzutreten und die hymnische Begeisterung der Fans entgegen zu nehmen.

Leider gibt es da ein kleines, aber nicht unwichtiges Problem: Das Buch muss irgendwo veröffentlicht werden...

Generationen von Science-Fiction-Fans hatten alle den gleichen Traum. Es geht dabei um ein Buch.
Nicht um die handsignierte Erstausgabe von "I Robot" von Isaac Asimov (auch wenn diese natürlich nicht grundsätzlich zu verachten wäre), ebenso wenig um ein Originalmanuskript von Robert Silverberg oder Willi Voltz.
Nein. Es geht um ein ganz spezielles Buch. Das *eigene* Buch.
Der heilige Gral des SF-Fan. Nie mehr in peinlichen Fanzines mit einer Auflage von 40 Exemplaren die eigenen Stories den Krokodilen vorwerfen. Nie mehr mit verkniffenem Gesicht dem elenden Widerling aus den Gründungstagen des Science-Fiction-Club München-Süd auf dem SFCD-Con applaudieren müssen, bloß weil irgendein geistig völlig derangierter Verlagslektor in einem Anfall von Wahnsinn dessen schauerliches Geschreibsel als Buch veröffentlicht hat.
Nein, das eigene Buch ist die Eintrittskarte in den Olymp der Fans, der goldene Gral der Science-Fiction. Allerdings...

Tagebuch eines Neu-Autors

25. Januar

War heute auf dem Darmstadt-Con. Bin völlig frustriert. Habe festgestellt, dass der "VIP-Überraschungsgast" Holger Boggenfeld ist.

"Der wahrscheinlich beste Deutsche SF-Autor der Gegenwart." Behauptet zumindest die Verlagswerbung.

Ich hasse den Kerl. Damals, im Perry-Rhodan-Club "Guckys Nagezahn", hat er mir bei unseren Clubtreffen immer Salz in meine Cola geschüttet. Und jetzt gilt er als "großer Autor".

Warum wird eigentlich *sein* Geschreibsel veröffentlicht, *meines* aber nicht?

Habe noch einmal prüfend meine Novelle "Molluskenalarm auf Convas IV" durchgelesen. Ein Meisterwerk über die Eroberung einer unschuldigen Raumkolonie durch brutale Weltraumschnecken. Mindestens so gut wie der Kram von Boggenfeld. Werde meinen Roman mal ein paar Lektoren anbieten.

13. März

Heute kam schon wieder eine Ablehnung. "Ihr Roman passt leider nicht in unser Programm". Unleserlich unterschrieben von Krakel. Ich vermute, dass 'Krakel' meinen Roman gar nicht gelesen hat. Wahrscheinlich kann er überhaupt nicht lesen. Ich hefte verbittert das Schreiben zu den vielen anderen Briefen in den Ordner "Verlagskorrespondenzen 7"

Ich bekomme irgendeinen Unterling aus Boggenfelds Verlag an den Apparat: "Ja, wenn Sie früher schon mal was veröffentlicht hätten, das wäre natürlich ein Ausweis einer gewissen Grundqualität. Aber so? Nehmen Sie sich ein Beispiel an Boggenfeld!"

Selbst das deutsche Schneckenmagazin hat eine Veröffentlichung abgelehnt. Ich blättere noch einmal durch den Ordner. Irgendein Blödmann vom Pabelverlag hat geschrieben, dass ich den Roman später noch einmal einreichen solle – so in 15 bis 20 Jahren.

Beschließe, auch von diesem Verlag niemals mehr etwas zu kaufen. Leider habe ich das auch schon für andere ignorantische Herausgeber entschieden. Werde wohl auf das Lesen ausländischer Veröffentlichungen ausweichen müssen.

14. April

Der Herausgeber von *Pluto 5* hat mir in Aussicht gestellt, dass er meine Story bringen wird. Zufällig weiß ich, dass das Heft eine Auflage von 80 Exemplaren hat. Kostenlos. Ich stimme nach einigem Zögern zu. Der Herausgeber fragt mich, ob ich den tollen neuen Roman von Boggenfeld gelesen habe. Das wäre mal ein echt starker Autor. Ich entgegne ihm kühl, dass ich Boggenfeld für stark überbewertet halte und mache dunkle Andeutungen über ein großes Buchprojekt von meiner Seite. Der Herausgeber lässt mich gelangweilt wissen, dass alle seine Amateurautoren immer an 'großen Buchprojekten' arbeiten würden. Ich beende das Gespräch betont kurz.

Verdammt – ich will auch ein Autor sein!

2. Mai

Bin aus Frust in die Asimov-Kellerbar gegangen. Habe dem Wirt alles erzählt.

"Wie bekomme ich einen Verlag dazu, dass man mich veröffentlicht? Solange ich nichts als Buch veröffentlicht habe, gelte ich nicht als Autor. Solange ich nicht als Autor gelte, nimmt mich aber auch kein Verlag ernst".

Rudi, der Wirt, macht mir den Vorschlag, das Buch im Eigenverlag herauszugeben. Ich winke ab. 'Viel zu teuer, allein die Kosten für eine kleine Erstauflage sind exorbitant. Und dann muss ich die Bücher ja auch noch verkaufen.'

Der Wirt starrt mich seltsam an. Ob ich noch nie was von "Books-on-Demand" gehört hätte. Für 50 Euro kann man sein eigenes Taschenbuch veröffentlichen, mit Verkauf über alle Buchhandlungen und Onlineanbieter. Gedruckt wird dann vom Verlag genau so viel, wie bestellt wird. Bin wie erstarrt und bestelle nachdenklich noch einen *"Bitter Gandalf"*. Ungeahnte Möglichkeiten eröffnen sich vor meinem inneren Auge...

8. Mai

Habe das alles geprüft: Rudi Gerstner hat recht! Man kann selber veröffentlichen, ohne finanzielles Risiko! Habe sofort 2 Buchprojekte bei BoD gestartet. Mein Molluskenroman wird als Taschenbuch erscheinen, dazu noch eine Sammlung meiner besten Kurzgeschichten der letzten 20 Jahre. Habe den Herausgeber von *Pluto 5* angerufen und ihm klargemacht, dass mein Roman jetzt als Buch erscheinen würde. Er schien nicht überrascht und gratulierte mir. Tja, jetzt kommen die Dinge in Schwung!

29. Juni

Heute habe ich meinen Roman bei BoD elektronisch abgeliefert. 150 Seiten. Habe mich für Farbcover, Prägedruck und Überformat entschieden. Verkaufspreis 22,80 Euro. Titelbild ist eine absolut hervorragende Grafik: Blutige Hand über einer Schnecke. Nach Übertragung des Textes genehmige ich mir einen Drink. Ein Traum geht in Erfüllung.

8. Juli

Es ist soweit: Die ersten zwei Exemplare wurden kostenpflichtig an mich versandt. Ich halte mein *eigenes* Buch in Händen! Jetzt bin ich Autor. Es ist geschafft. Ein echtes Buch. *Endlich* gehöre ich dazu. Natürlich wäre es schöner, wenn ein großer Verlag mein Manuskript direkt erworben hätte. Aber die verkaufte Auflage wird schon zeigen, wo der Qualitätshammer hängt. Das ist die Eintrittskarte in eine schöne, neue Welt. Beschließe den Druck von Visitenkarten. Berufsbezeichnung: Autor.

17. August

Am Einlass zum SFCD-Con gab es unangenehme Probleme. Trotz meines pointierten Insistierens auf die Tatsache, dass mir als Autor wohl eindeutig VIP-Status zustehen würde, wird mir von dem pickeligen Ignoranten der mir zustehende Gratiszugang verweigert.

"Hör zu: Von 240 Conteilnehmern haben 215 ein eigenes Buch dabei. Book on Demand, stimmt's? Zahlen oder gehen!"

Mit eisigem Schweigen begleiche ich meinen Conbeitrag. Das wird Konsequenzen haben! Entwerfe während der Autorenlesung von Boggenfeld einen flammenden Protestbrief an den SFCD-Vorstand. Ein Skandal!

25. August

Der SFCD-Vorstand antwortet ausweichend. Gehe auf die Amazon-Seite und betrachte mein Buch. Die Online-Seite bei Book-on-Demand gibt als Gesamtverkaufszahl zwei Stück an. Das sind meine eigenen Exemplare. Um den Umsatz und die Lieferfähigkeit zu erhöhen, bestelle ich bei allen Online-Händlern 5 Exemplare meines Buches und lasse sie danach einfach wieder zurückgehen.

Kurz darauf werde ich von Amazon schriftlich informiert, dass man es sehr begrüßen würde, wenn ich in Zukunft meine Buchbestellungen woanders platzieren könnte. Auf meinen empörten Anruf sagt mir ein genervter Mitarbeiter, dass bisher jeder Autor, der bei BoD veröffentlicht hat, auf diese Idee gekommen wäre. BoD würde diese Bücher jedoch zurücknehmen und würden daher nicht als Verkauf gezählt werden. Er empfahl mir, meinen Ramsch doch im Familienkreis zu verschenken. Ich lege auf.

15. Oktober

Auf unserem regelmäßigen Clubtreffen berichte ich von meinem Erlebnis auf dem Con und mache meiner Empörung über dieses unverständliche Verhalten einem Autor gegenüber Luft. Alle anwesenden Clubmitglieder stimmen mir zu und berichten von ähnlichen Erlebnissen. Wie sich herausstellt, haben seit unserem letzten Clubtreffen alle meine Kollegen ebenfalls bei BoD ein Buch veröffentlicht, einige sogar mehrere. Wie ich feststelle, ist mein Status als Autor leider nicht so singulär wie gehofft. Selbst der geschwätzige Kellner erzählt uns ungefragt, er habe bereits zwei Bücher bei BoD veröffentlicht: *'Kellnern leichtgemacht'*, und *'Komische Typen, die ich als Kellner treffe'*. In letzterem kämen wir sogar an prominenter Stelle vor. Ich gebe kein Trinkgeld.

10. November

Mein Buch liegt wie Blei. Der Zusatz 'Autor' auf meinem Briefpapier und in der EMail-Fußzeile vermittelt mir nur wenig Trost. Alle meine Freunde tragen ihn jetzt auch. Selbst im Familienkreis hat jeder ein Buch veröffentlicht. Letztens hat mich ein junger SF-Fan gefragt: Book-On-Demand, oder sind Sie ein richtiger Autor? Ich würdigte diesen Wicht keiner Antwort. Aber er hat irgendwie Recht.

Ich schicke meinen neuen Roman "Mordwespen auf Tantallus 2" wieder an alle Verlage.

Jetzt als Autor sollte es eigentlich klappen.

28. November

Nur Absagen erhalten.

Boggenfeld hat ein neues Buch veröffentlicht. Mein Roman wurde von seinem Verlag im Übrigen kommentarlos zurückgeschickt. Ich rufe an und verlange den zuständigen Lektor zu sprechen.

"Autor? Wissen Sie, was lustig ist? Wir kriegen haufenweise Manuskripte von Amateuren, die bei Book-on-Demand selber herausgegeben haben. Aber der Boggenfeld: das ist der einzige, der noch nie so etwas dort veröffentlicht hat. Das zeigt den wahren Autor!

Spezialitäten aus der Asimov-Kellerbar

Bitter Gandalf

Zutaten:

4,5 cl Gin
1 Spritzer Magenbitter
1/4 Tl. Orangensaft
1/4 Tl. Ananassaft
1/4 Tl. Zitronensaft
1/2 Tl. Puderzucker
Eiswürfel

Zubereitung:
Mit Eiswürfel gut ummischen, kurz anschütteln und dann in ein gekühltes Cocktailglas seihen.
Mit einer Mokkabohne servieren.

Der Chefredakteur der Perry Rhodan Serie, Klaus N. Frick, ein glühender Science-Fiction-Fan, feierte Ende 2013 seinen 50. Geburtstag. Aus Anlass dieses Ehrentags wurde von Frank G. Gerigk eine Sammlung von Beiträgen zu dem SF-Fan und Mensch Klaus N. Frick gesammelt und im Verlag p.machinery Michael Haitel als Taschenbuch veröffentlich.

Die nachfolgende Satire war mein Beitrag im Taschenbuch zu Klaus N. Fricks Ehrentag, und in dem genannten Büchlein veröffentlicht.

Ein Taschenbuch, das ich im Übrigen allen ans Herz legen möchte: Kurzweilig, humorvoll, interessant, facettenreich - eine Hommage an einen ganz großen SF-Fan.

Ein besonderer Tag

Die Bar war für einen so frühen Abend schon erstaunlich gut gefüllt. Im halbdunklen Kellergewölbe tummelten sich dutzende von Gästen an den verschiedenen Tischen und dem Stehbereich im hinteren Teil des Lokals. Lautstarke Unterhaltungen und Gelächter brandeten mir entgegen.

Über der Asimov-Kellerbar, Deutschlands ältester und einziger Science-Fiction- und Literaturkneipe, schwebte wie immer ein fast undurchdringlicher Rauchnebel, was umso seltsamer ist, als seit einigen Jahren, zur Verbitterung mancher Gäste, in der Kellerbar ein Rauchverbot herrscht. Seit dieser Zeit war es auf jeden Fall nicht mehr nötig, getragene Klamotten am nächsten Tag in die Altkleidersammlung zu entsorgen.

Ich schlenderte zur Bar. Kneipenwirt Rudolf „Rudi" Gerstner winkte mir knapp zu, während er mit kurzen, scharfen Bewegungen den Shaker bediente, um danach einer der gleichermaßen bekannten wie gefürchteten Drinks der Asimov-Kellerbar in ein bauchiges Glas zu seihen. Er schob einen großen Stapel mit für die Gäste bereit liegenden Taschenbüchern beiseite.

Er reichte mir das Glas.

„Ein Frick-Flip. Ganz neu. Solltest Du mal probieren!"

Ich roch vorsichtig an dem grünlichen Getränk.

„Wieso heißt das eigentlich…"

Wie zur Kommentierung meiner Frage rannte ein Gestalt gehetzt an mir vorbei, ein gekeuchtes „Hallo" auf den Lippen und verschwand um die Ecke.

Ich starrte ihm nach.

„Das war doch der Klaus N. Frick? Was ist denn mit dem los?"

Klaus kannte ich eigentlich als eher ruhigen und gefassten Mitmenschen. Rudi grinste mich an und schob mir gleich noch ein Bier über den Tresen.

„Heute ist hier die routinemäßige Redaktionskonferenz mit den Perry-Rhodan-Autoren. Scheint aber nicht so zu laufen…"

Ich starrte in die hintere Ecke, wo an dem großen runden Tisch eine augenscheinlich sehr fröhliche Gesellschaft leicht vergeistigt aussehender Gestalten Platz genommen hatte und lautstark mit ihren Biergläsern anstieß. Durch den allgemeinen Lärm hörte ich Klaus N. Fricks verzweifelte Stimme:

„Was soll das heißen: Prost? Ich möchte einen Kommentar zum Exposé-Entwurf! Und wer hat hier auf meine Handlungsskizze für den aktuellen Perry Rhodan-Zyklus „ATLAN ist doof!" gekritzelt??"

Einer der Gestalten rülpste laut und vernehmlich. Klaus N. Frick wankte an den Tresen. Er nickte mir abwesend zu.

„Rudi, gib mir bitte noch ein Bier! Ich weiß einfach nicht, was hier heute los ist. Die sind alle total aufgedreht. Saufen wie die Löcher. Dabei ist das doch als offizielle Redaktionskonferenz unter Autorenbeteiligung angesetzt…"

Die Autorenriege an ihrem Rundtisch begann eine La Ola Welle zu improvisieren.

„Du solltest das einfach nicht so ernst sehen. Lass sie doch."

Er starrte uns säuerlich an.

„Das ist meine Arbeit! Und ich mache sie gern. Und deswegen verstehe ich einfach nicht… HEEE!!"

Er sprang auf und schritt empört zur großen Rückwand, an der der bekannte Science-Fiction Künstler „Krischan" aufgrund einer verlorenen Wette einen lebensgroßen Flugdrachen zu malen hatte – allerdings bei freien Getränken. Seltsamerweise zog sich dieses Projekt schon seit vielen Jahren hin, weil der Künstler jedes Mal kurz vor Vollendung der Arbeit das Gemälde komplett neu begann. Doch statt den zuletzt sichtbaren Umrissen eines Weganischen Riesendrachens stand jetzt dort in großen Lettern „Perry Rhodan Fans sind bekloppt"

Klaus N. Frick war sauer.

„Wo ist der Kerl?? Ich mache ihn fertig. Das verschwindet sofort von der Wand!"

Lautes Gelächter brandete aus der Ecke mit der Dartscheibe herüber. Frick bewegte sich ahnungsvoll dorthin. Statt der üblichen Fotos von SF-Autoren waren diesmal Perry-Rhodan-Titelbilder an die Scheibe geheftet. Erik Schreiber dreht sich halb um.

„Wahnsinn! Guckys Nagezahn gibt volle 100 Punkte!"

Klaus starrte ihn an.

„Leute, das geht doch nicht. Ihr wollt mich wohl ärgern, wie? Wie kann man denn so kindisch sein? Ich meine, das sollte... AARRG!!"

Ein Dartpfeil hatte ihn knapp verfehlt und bohrte sich in den verlängerten Rücken des hoffnungsvollen Nachwuchsautor Frank Außenstein, der schon seit Wochen an einem neuen Romanzyklus mit dem Titel „Die Schleimwürmer von Antrax IV" arbeitete. Ein wütender Aufschrei des so Getroffenen erklang, und er verschwand hinten bei den Toiletten (was ein anderer Gast dazu nutze, traditionsgemäß sein Bier in die Schreibmaschine des Autors zu schütten). Klaus N. Frick wanderte zu dem antiquierten Schreibinstrument hinüber. Er winkte mir zu:

„So eine hatte ich früher auch mal. Damit habe ich noch meine ersten Fanzines geschrieben..."

Er erstarrte und zog entgeistert das eingespannte Blatt aus der Maschine.

„NIEDER MIT DEN HEFTROMANEN – Eine Abrechnung in 5 Akten"

Er wankte zur Bar und packte mich am Hemdkragen.

„Was...ist...hier...eigentlich...los? Glaubt Ihr, das macht mir Spaß, ausgerechnet heute arbeiten zu müssen? Aber die Zeit drängt! Der Verlag hat Termine!! Die Leser wollen Nachschub haben!!!"

Entgeistert starrte er auf seinen Autorentisch. Die zehnminütige La-Ola-Welle der versammelten Schreiberlinge war beendet. Sie waren jetzt dazu übergegangen, fröhliche Trinklieder zu schmettern. Einer der Autoren war auf den Tisch geklettert und begann sich langsam zu entkleiden.

„Nein, nicht wieder der marsianische Striptease!! Rudi, mach doch irgendwas!"

Rudi zuckte mit den Schultern und wischte mit einem zweifelhaften Lappen über den sauberen Tresen.

„Was ist denn DAS hier???"

Klaus deutete fassungslos auf den Tisch, wo in einer großen Schale die Gratis-Buttons für Stammgäste lagen.

„Nieder mit dem Frick!" prangte in großen, orangefarbenen Buchstaben auf den Ansteckern.

Der Frick-Flip

2 cl Cognac

2 cl Blue Curacao

2 cl Mandarinenlikör (Bols)

2 cl Zitronensaft

1 Zitronenscheibe

Im Shaker mit Eis schütteln und in eine Cocktailschale abseihen. Mit Crustarand servieren.

„Aber…"

Johannes Unnewehr kam an der Bar vorbei. Klaus N. Frick starrte ihn an. Johannes hatte eine große Puppe in der Hand, die mit großen Nadeln durchbohrt war.

„Warum sieht die Puppe wie mein Verlagsdirektor aus???"

Unnewehr zuckte mit den Schultern und verschwand mit einem Bier zum SFCD-Stammtisch. Frick folgte ihm wie hypnotisiert.

An der Wand über dem Stammtisch hing ein handgeschriebenes Plakat „Konfetti aus Frick's EN-PUNKT-Fanzines. 2 Euro der Beutel!"

Ich stieß Rudi an, der grinsend hinter der Theke stand. „Was habt ihr denn heute gegen den armen Klaus? Der Mann ist ja schon völlig fertig!"

Im Hintergrund begannen die Perry-Autoren grölend, aus den Exposés kleine Türme zu schichten und diese unter lauten „BARDIOC!"-Rufen zu entzünden.

Rudi zwinkerte mir zu.

„Du weißt doch, der arme Klaus N. Frick ist ständig für Perry Rhodan unterwegs. Sogar heute. Und heute hat er seinen runden Ehrentag: 50. Geburtstag. Da mussten wir uns doch alle was einfallen lassen…"

„OKAY LEUTE: ÜBERRASCHUNG! 1…2…3! HAPPY BIRTHDAY TO YOU, HAPPY BIRTHDAY TO YOU…"

Die ganze Kellerbar stimmte fröhlich ein.

Ich blickte mich suchend um. Da war er. Klaus N. Frick war fassungslos zusammengebrochen und lag ohnmächtig auf dem Boden.

Rudi hob die Arme.

„Okay, Freibier an der Bar! Ein Prost auf das Geburtstagskind! Und nicht auf ihn treten! Möge er noch oft Gast in unserer Bar sein!"

Klaus Marion

Hier noch die Daten zum Buch:

Der die Unsterblichen redigiert: Klaus N. Frick zum Fünfzigsten
[Taschenbuch]
Frank G. Gerigk (Hrsg,)
Taschenbuch 164 Seiten
Preis: 7,90 Euro
Verlag: p.machinery Michael Haitel;
Erscheinungsdatum: 2013
Sprache: Deutsch
ISBN-13: 978-3942533782

Aus der Buchbeschreibung:
Klaus N. Frick feiert seinen 50. Geburtstag. Dieses Buch widmet sich diesem wohl bekanntesten Science-Fiction-

Redakteur Deutschlands und versucht ein wenig, jedoch nicht immer zu ernsthaft, hinter seine Geheimnisse zu kommen. Einige Themen der Beiträge und Kurzgeschichten dieses Buches sind Hyänen, das Bett von Klaus' Schwester, seine Ex, Zeitdilatation, ein zusammenstürzender Torturm, das N, ein Schwanzproblem, Punk in der Gobi, ein Kostüm, Sheldon Cooper, ein Kommissar, eine Gaststätte in Freudenstadt, ES, Schweigegelübde, Perry Rhodan, Außerirdische, Stalking, Sternenstaub, ein Schütze, Bier, eine Schreibmaschine, ein Straßenmusikant, eine besondere Krawatte, ...

Mit Werken von Michael Baumgartner, Dieter Bohn, Lars Bublitz, Christoph Dittert, Arndt Drechsler, Lucas Edel, Richard Dübell, Andreas Eschbach, Matthias Falke, Günther Freunek, Frank G. Gerigk, Hubert Haensel, Markus Heitz, Miriam Hofheinz, Thomas Kass, Kathrin Lange, Klaus Marion, Monika Niehaus, Hermann Ritter, Marie Sann, Carsten Scheibe, Tamara Schinner, Wilfried Schönfelder, Michelle Stern, Eckhard Schwettmann, Michael Markus Thurner, Dirk van den Boom, Jörg Weigand und Uschi Zietsch.

Was Science-Fiction-Fans von normalen engagierten Fans wie Fußball-Hooligans oder Madonna-Bewunderern unterscheidet, ist ihre Affinität zur Literatur. Die Beschäftigung mit dem gedruckten Wort hat schon viele SF-Fans dazu gebracht, selber die Feder zu ergreifen und etwas zu verfassen.

Wenn jedoch das Schreiben von Romanen oder Kurzgeschichten nicht jedermanns Sache ist, so kann man aber wenigstens die erschienenen Werke besprechen.

Das war die Geburtsstunde der Rezension.

Die Buchbesprechung

Zum täglichen Brot des literarisch gebildeten Science-Fiction-Fans gehört die Buchbesprechung. Auch gerne als 'Rezension' bezeichnet, weist sie dem Literaturfreund einen soliden Weg durch den dichten Dschungel der Neuerscheinungen. Schon immer hat sich der Leser gefragt, welch harte Arbeit und wochenlange Studien am geschriebenen Wort einer solchen sezierenden Beurteilung der Romane vorausgehen mag. Die nachfolgende Begebenheit soll ein erhellendes Licht auf die Entstehung der Buchbesprechung werfen.

Es war noch sehr früh an diesem Freitagabend, und die Asimov-Kellerbar war erst zur Hälfte gefüllt. Ich winkte Rudi Gerstner zu, der hinter seinem Tresen stand und eine große Zahl von Gläsern mit einem hygienisch zweifelhaften Tuch polierte. Er nickte kurz und deute mit seinem Kopf auf einen freien Hocker an der Bar.

Ich nahm Platz und blickte mich um.

Neben dem wechselnden Publikumsverkehr waren viele der üblichen Gäste zu sehen.

Der bekannte SF-Künstler Krischan stand wie immer mit einem Pinsel in der Hand an der Rückwand der Kellerkneipe. Er hatte die Darstellung seines naturalistischen Flugdrachens in Lebensgröße neu begonnen, und schien jetzt mit einer Bemalung in Fresko-Technik zu arbeiten. Rudi bemerkte meinen Blick und grummelte etwas definitiv Unfreundliches. Aufgrund einer Vereinbarung waren alle Getränke für den Künstler bis zur Vollendung des Wandgemäldes frei, was zu einer völlig unerklärlichen Verlangsamung seiner künstlerischen Arbeit führte. Nur die älteren unter den regelmäßigen Gästen konnten sich noch an eine Zeit erinnern, an der die Rückwand tatsächlich weiß gewesen wäre.

Rudi wandte sich mir zu.

"Einen Protonenflip gefällig?" Bevor ich protestieren konnte, schob er mir das merkwürdig aussehende Getränk über den Tresen. Ich roch misstrauisch daran.

"Eine neue Kreation?"

"Ganz neu auf der Karte. Man beachte den Fruchtanteil."

Ich probierte vorsichtig. Das Getränk war sehr stark, der Geschmack aber durchaus akzeptabel.

"Trotzdem, noch ein Bier für mich!"

Erst jetzt bemerkte ich, dass der Platz des bekannten Nachwuchsautors Frank Aussenstein verwaist war. Aussenstein gilt im Fandom als das aufstrebende Talent der deutschen SF-Szene, und so versucht er schon seit Jahren, sein Erstlingswerk auf einer altmodischen Olympia-Schreibmaschine hier in der Asimov-Kellerbar zu vollenden. Trotz dieses ungewöhnlichen Produktionsstandortes wird Aussenstein von den regelmäßigen Gästen toleriert. Seit Jahren ist es ein beliebter Kneipensport, dem Autor in unbeobachteten Momenten ein Bier in die Schreibmaschine zu gießen. Ein kurzzeitiger Umstieg auf einen Laptop endete mit der Erkenntnis, dass moderne Geräte eine derartige Flüssigkeitszufuhr nur schlecht akzeptieren, so dass der Autor wieder auf sein klassisches Schreibgerät wechselte.

"Wo ist Aussenstein?"

Rudi deutete ein paar Plätze weiter an der Bar, an dem der Autor konzentriert in einem dicken Wälzer schmökerte und sich in unregelmäßigen Abständen Notizen machten.

"Er liest? Er arbeitet nicht mehr an 'Schleimschnecken auf Aldebaran?'. Wie ist das möglich?"

Bevor Rudi antworteten konnte, kam die Aushilfsbedienung und holte eine Runde Bier auf einem großen Tablett.

"Der Schreiber Eric gibt einen aus" erläuterte Rudi und machte sich Notizen auf seinem Rechnungsblock. "Wird Zeit, dass er mal seinen Deckel bezahlt!"

Er wandte sich wieder mir zu.

"Es passierte bei der letzten Autorenlesung. Du erinnerst Dich nicht?"

Ich schüttelte den Kopf. Frank Aussensteins Autorenlesungen aus den neuesten Kapiteln seines Erstlingswerks sind gefürchtet. Ich hatte beim letzten Abend eine akzeptable Ausrede gefunden und war zum Glück für meine geistige Gesundheit nicht anwesend gewesen.

"Nun, diesmal war Klaus N. Frick dabei. Nach der Lesung ging Aussenstein zu Frick und fragte ihn um seine ehrliche Meinung. Er erkundigte sich, ob er vielleicht noch mehr Feuer in seinen Roman legen sollte."

"Und?"

"Nun, der Mann antwortete, es würde reichen, wenn Rudi stattdessen mehr Roman ins Feuer legen könnte!"

"Oh mein Gott! Dass muss ihn ja fürchterlich getroffen haben. Ich gehe davon aus, dass Du das nicht einfach so stehen ließest und sofort etwas unternommen hast!"

"Ja natürlich. Der Frick hat ab sofort freie Getränke in diesem Haus. Du hast ja keine Ahnung, wie schrecklich dieses neueste Kapitel war. Auf jeden Fall hat Frick dann doch Mitleid gehabt und ihm geraten, sich eine literarische Auszeit zu nehmen. Buchrezensionen würden doch momentan auch akzeptabel bezahlt werden. Darauf hat sich Frank den neuesten Roman von Wladmir Reschenkow 'Raumstation 4' vorgenommen. 1200 eng gedruckte Seiten Buch in freier Assoziationstechnik. Morgen früh muss er die Besprechung abgeben. Und er ist erst auf Seite 280."

Frank Aussenstein hatte begonnen, seinen Kopf in stummer Verzweiflung rhythmisch auf den Tresen zu schlagen. Ich schluckte den Rest des Protonen-Flips und begab mich zu Aussenstein.

"Junge, was ist denn los?"

Frank Aussenstein betrachtete mich blass und übernächtigt. "Ich werde nicht fertig. Dieser Roman hat so viel Tiefgang. Ich bin noch völlig in der Handlung gefangen. Wie soll ich da bis Morgen eine Rezension abliefern. Wie?? Vielleicht sollte ich mich erschießen?"

Ich erwog dies eine Zeitlang, dann erwies sich mein Mitleid jedoch als stärker.

"So ein Unsinn. Du musst Dich konzentrieren. Halte dich ran! Lese schneller. Irgendwie wird es schon gehen."

Auf der anderen Seite des Tresens schob Rudi Gerstner dem Verzweifelten ein Bier zu.

"Was ich nicht verstehe: Wenn Du Morgen eine Besprechung abliefern sollst, warum liest Du dann die ganze Zeit in diesem Buch?"

"Nun, das ist das Buch, das ich besprechen soll..."

"Was hat denn das Buch mit Deiner Besprechung zu tun?"

Frank starrte ihn mit offenem Mund an.

Im Hintergrund der Bar entdeckte ich Hans-Jürgen Mader, der wilde Handbewegungen zur Bar hin machte. Rudi nickte der Bedienung zu: "Noch mal 3 Oktomore Whisky für den Mader dahinter. Und einen hier für meinen Freund!" Er zeigte auf mich. Ich nippte an dem seltsamen Getränk, dass aus einer gänzlich schwarzen Flasche eingeschenkt wurde. Der Whisky schmeckte wie ein auf Flaschen gezogener Torfballen und brannte teuflisch. Ich rang verzweifelt nach Luft.

Rudi wandte sich wieder Frank Aussenstein zu.

"Buchbesprechungen haben doch nichts mit Büchern zu tun. Ich meine, welcher Autor hat schon Zeit, so dicke Wälzer zu lesen? Da bleibt ja stundenmäßig nichts vom Honorar hängen. Ne ne, *die Zeiten sind vorbei*. So eine Buchbesprechung, die muss in 2 Stunden druckfertig stehen. Da ist das besprochene Buch reiner Ballast. Gerade im Bereich der Science-Fiction, wo die Bezahlung noch schlechter ist. Soll es denn eine positive oder negative Rezension werden?"

Frank Aussenstein war jetzt völlig verwirrt.

"Hängt das nicht vom jeweiligen Buch ab?"

"Was für ein Unsinn. Geschmack ist etwas absolut Relatives. Dem einen gefällt's, dem anderen nicht. Es gibt nur ganz wenige Ausnahmen, die sooo schlecht sind, dass alle Leser darin einig sind..." Er starrte nachdenklich auf die Schreibmaschine von Frank Aussenstein.

"Wie dem auch sei: Wenn der Roman als Buch veröffentlich wurde, dann kann er nicht *ganz* mies sein. Wenn Dir nicht schon aus allen Zeitschriften Lobeshymnen entgegenspringen, dann ist er aber auch kein neues Jahrhundert-Meisterwerk. Also kannst Du es Dir frei aussuchen."

Frank starrte ihn immer noch an.

"Die einfachste Variante ist die positive Rezension. Da kannst Du schon mit wenigen Sätzen eine wunderbare Arbeit abliefern. Einfach so etwas wie *Der Autor schafft es, mit gut gesetzten Worten eine durchaus plausible Handlung einfühlsam und gleichermaßen tiefschürfend vor dem inneren Auge des Lesers zu präsentieren.*' Blah Blah und fertig. Wenn es etwas länger sein soll, dann zitierst Du einfach die Handlung aus dem Klappentext und schreibst noch ein paar allgemeine Worte zum Autor. Was immer gut ankommt, sind

Vergleiche mit den bisherigen Werken des Literaten: *'Die Dynamik der Handlung zeigt in ihren facettenhaftigen Anspielungen die Steigerung im Werk des Autor. Haben schon seine bisherigen Romane [Hier bitte die Titel bei Amazon nachsehen] die Kritik auf sich aufmerksam gemacht, so präsentiert der jetzige Roman ein innere Weiterentwicklung der bisherigen erzählerischen Stärke des Autors.'* So etwas kommt immer gut und zeigt Deine Belesenheit. Bei Erstlingswerken deutest Du an, dass die Qualität des Romans sich schon in den unveröffentlichten Skizzen des Autors widergespiegelt habe. Die Leser deiner Rezension werden sich beeindruckt ob Deiner privaten Beziehung zum Autor zeigen, und der Autor wird nichts sagen, schließlich ist er froh, endlich mal eine positive Kritik bekommen zu haben. Vermutlich wird er sich fragen, ob Dein Name vielleicht ein Pseudonym eines seiner Freunde ist. Zack, und schon ist die Besprechung fertig!"

Frank Außenstein schüttelte den Kopf. "Ich muss mindestens 15.000 Anschläge abliefern. Netto. Das klappt so nicht!"

"Nun, solchen Extremsituationen wirst Du zumindest das Buch mal öffnen müssen. Du schlägst es an irgendeiner beliebigen Stelle auf und notierst Dir die dort genannten Namen. Dann erweiterst Du Deine Besprechung um einen Einschub wie *'Gerade die Darstellung der/des [hier bitte Namen einsetzen!] hat mich besonders bewegt und nachdenklich gemacht. Was kann den Autor bewogen haben, die innere Handlung dieser Figur in der so interessanten wie gleichermaßen dramatischen Art anzulegen? Ich musste da an eine andere Figur in einem meiner Lieblingsromane denken, die ja auch...'* Und dann schreibst Du einfach irgendetwas Triviales über eine Romanfigur aus einem Buch, das Du kennst. Muss gar nichts mit dem zu besprechenden Roman zu tun haben. *'An diesem Beispiel kann man gut erkennen, wie der neue Autor es ebenfalls schafft, gänzlich neue Erzählaspekte in ein völlig anderes Licht zu stellen.'* Gute Platzfüller sind auch Sätze wie *'Die Transzendenz der Romanfigur mag auch mit den für die Öffentlichkeit weitgehend unbekannten Schicksalsschlägen zusammenhängen, die den Autor zu der gewählten Exposition seiner Figur bewegten.'*

Am Schluss schreibst Du noch etwas, das Dich dieser Roman nach Wahl extrem berührt, getroffen oder beeindruckt hat, und fertig ist die Laube!"

Ich starrte Rudi an.

"Gib mir noch so ein Protonen-Dingsda. Und die negative Kritik? Wieso soll die schwieriger sein?"

Rudi schüttelte den Kopf und den Shaker.

"Sie ist nicht schwieriger. Sie erfordert nur ein klein wenig mehr tatsächliche Beschäftigung mit dem Roman. Eine negative Kritik muss sich an irgendetwas festmachen, was vorhanden ist. Dafür wird sie durch mehr Zuspruch durch den Leser belohnt. Die Leute lieben gut gemachte negative Kritiken. Eine Lobeshymne auf einen Roman hinterlässt in einem das schale Gefühl, eine Perle der Literatur nicht selbst entdeckt zu haben. Zudem schreiben viele SF-Leser selber. Wer will da was Positives über Konkurrenten lesen? Und natürlich muss man bedenken, dass positive Kritik immer das Risiko in sich trägt, dass die

Rezension selber wieder kritisiert wird. Zu positiven Aussagen lassen sich immer auch Gegenargumente finden, was den Rezensenten dem Verdacht aussetzt, er hätte oberflächlich einfach nur so dahin geschrieben, ohne das Buch überhaupt zu kennen. Negative Kritik zeigt jedoch, dass Du als Rezensent durch Dein fulminantes Fachwissen hinter die Fassade der schnöden Lohnschreiberei schauen kannst. Negative Kritik verschafft einem zudem Genugtuung, dass man gleich gewusst hat, warum man den Roman erst gar nicht gelesen hat!"

Er blickte Aussenstein an.

"Also, Du fängst am besten mit einem Auch-wenn-Satz an: 'Auch wenn die ersten Zeilen in diesem Roman die Hoffnung auf ein gelungenes Werk erzeugen, so ist doch aber im Verlauf der Handlung ein völliger Absturz in die Tiefen der Niveaulosigkeit zu verzeichnen. Hätte doch aus dieser Idee (und hier zitierst Du ausführlich den Klappentext!) ein großartiger Roman werden können, doch *so* verzettelt sich der Autor subjektiv in der inneren Handlung seines Versuchs, eine halbwegs realistische Atmosphäre zu schaffen'. Jetzt öffnet man eine beliebige Seite und deutet blind mit dem Finger auf einen Satz. Dieser wird dann zitiert."

Rudi nahm Frank das Buch aus der Hand und klappte es auf.

"Ein Beispiel: 'Er betrat mit einem Seufzen die Raumstation'. Dieser exemplarische Satz hat mich zutiefst enttäuscht. Dem Autor gelingt es hier an

Der Protonen-Flip

Zutaten
4 cl Amaretto
6 cl Wodka
3 cl Pfirsich-Liqueur
8 cl Johannisbeersaft (schwarz)
3 - 4 Ice Cubes
etwas Crushed Ice
eine Limette
einige Johannisbeeren (symbolisieren die Protonen)

Mixanleitung:
Alle Zutaten mit den Ice Cubes in den Shaker geben und kräftig shaken. Dann durch ein Barsieb in ein mit Crushed Ice gefülltes Cocktailglas (Longdrinkglas) abseihen.
Zur Dekoration eignet sich hervorragend eine Limettenscheibe und/oder ein paar Johannisbeeren (mit Stil).

keiner Stelle, das Versprechen seiner nicht grundsätzlich schlechten Idee auch nur ansatzweise einzulösen. Wäre die Ausführung der Handlung auch nur halbwegs realistisch/humanistisch/empathisch [bitte wählen!] gelungen, hätte man über die schlecht geschriebene Prosa, die hölzernen Charaktere sowie die Unwirklichkeit der Handlung noch hinwegsehen können.' etc. etc. etc.

Natürlich ist es auch wichtig, dem Leser der Kritik klarzumachen, dass hier ein echter Fachmann am Werk ist: '*Ein völliger Fehlgriff ist die Wahl von Garamond als Schrifttype des lieblos gemachten Buches*'. So eine Kritik passt immer. Bei Taschenbüchern verweist Du grundsätzlich auf das billige Papier (es sei denn, es ist gut, dann bemängle die Geldverschwendung), beim Titelbild auf die Geschmacklosigkeit des gewählten Sujets, und bei Übersetzungen ergehe Dich in dunklen Anmerkungen über die miese Qualität der Übersetzung. Das erzeugt nebenbei im Leser den Eindruck, dass Du immer auch die Originalwerke lesen würdest und beeindruckt besonders den Herausgeber.

Dann mache immer noch ein paar abfällige Bemerkungen über die Preispolitik ('*Der Verlag sollte sich für den hohen Preis dieses Buches schämen*'), bei preiswerten Exemplaren solltest Du auf die falsche Zielsetzung verweisen ('*Statt auf Teufel komm raus ein Billigprodukt zu schaffen, wäre es besser gewesen, 3 oder 4 Euro mehr in die so lieblose Innengestaltung zu investieren!*').

Am Schluss noch ein Seitenhieb auf die Verlagslandschaft im Allgemeinen ('Hier stellt sich wieder einmal die Frage, ob der Konzentrationsprozess am Markt nicht die Publikation von schlechten und lieblosen Büchern geradezu herausfordert!'), und fertig ist die Buchbesprechung! Natürlich kann ein Erstlingsautor nach so einer Besprechung einpacken, aber er ist ja selber schuld. Zwingt ihn ja keiner, sein Geld ausgerechnet als Schriftsteller zu verdienen."

Frank Aussenstein starrte ihn sprachlos an.

"Das...das...das ist absolut unethisch! Das ist eine Verhöhnung der Literatur im Allgemeinen und der Science-Fiction im Besonderen! So etwas mache ich nicht. Da bleibe ich lieber bei meinem Roman!"

Er schlug das Buch zu und verschwand nach hinten zu seiner Schreibmaschine.

Ich blickte ihm nach.

"Sag mal, seit wann machst Du dir so viel Gedanken über Buchbesprechungen?"

Rudi grinste schief.

"Na ja, ab und zu verdien ich mir auch etwas dazu. Zum Beispiel das Buch da mit Deinen gesammelten Satiren, das Du geschrieben hast. Ich habe darüber eine Besprechung für die hiesige Zeitung verfasst. Sie erscheint nächste Woche"

"Oh, das finde ich aber nett."

Rudi starrte mich nachdenklich an.

"Ist das Buch eigentlich gut? Ich habe es, ehrlich gesagt, gar nicht gelesen..."

"Nun, ich denke, dass ich mit einigem Stolz sagen darf, dass es mir schon eigentlich durchaus gelungen ist..."

Rudi blickte mich bedauernd an.

"Naja, ist halt alles relativ im Leben. Und es ist ja auch nicht Dein alleiniger Lebensunterhalt. Deine Getränke gehen übrigens heute auf mich."

*Wenn man das Agieren des großen offiziellen Vertreters
der deutschen Science-Fiction, dem „Science-Fiction-Club
Deutschland e.V." betrachtet, fragt man sich unwillkürlich, warum es SF-Fans offensichtlich so wenig gegeben ist,
die Öffentlichkeit für ihr Hobby einzunehmen.*

*Statt einer positiven Grundstimmung wird die öffentliche
Meinung von der Vorstellung beherrscht, Science-Fiction
sei nur etwas für seltsame Gestalten mit komischen Kostümen.*

*Das man für seine Sache **Werbung** machen muss, scheint
den SF-Fans irgendwie fremd zu sein.*

*Der nachfolgende Bericht aus der Asimov Kellerbar zeigt
exemplarisch, dass allein die Anwendung grundsätzlichster Methoden der Werbebranche überraschende Aufmerksamkeit erregen kann…*

Marketing

Sind wir doch einmal ehrlich. Bei aller Cleverness des durchschnittlichen SF-Fans:
Was Werbung angeht, da sind wir richtig harmlos. Wo in der richtigen Welt für alles eine gnadenlose Werbetrommel gerührt wird, sind wir im Fandom doch weit von solchen Selbstbeweihräucherung entfernt. Keiner sieht uns, kaum einer nimmt uns wahr. Zeit, diesem Problem einmal genauer auf den Grund zu gehen.

Live-Sex beim SFCD-Vorstandstreffen!

Ich saß mal wieder an der Bar der Asimov-Kellerbar und betrachtete das bunte Treiben um mich herum. Alle Gäste waren friedlich gestimmt, selbst die Dartscheibe mit den Gesichtern des SFCD-Vorstands forderte keinen der anwesenden SF-Fans heraus.

Vor mir stand ein leckeres Bier, während der Kneipenwirt Rudi Gerstner mit seinem Taschenrechner umsatzrelevante Kalkulationen anstellte.

"Rudi, warum ist die Science-Fiction in Deutschland so unauffällig? Nirgendwo außerhalb der Fan-Szene liest man etwas über Cons. Über Veranstaltungen. Über die Literatur an und für sich. Man könnte geradezu meinen, dass wir gar nicht existieren."

Rudi starrte mich an. Dann begann er, den silbernen Mixbecher mit allerlei Zutaten zu füllen.

"Ich mach Dir jetzt erst mal einen "Klingon-Warrior". Er blickte auf und hob seine Stimme.

"Das Zeug hat 90 % !"

Überall blickten Gesichter neugierig auf, Recktenwald und Manske hoben interessiert winkend die Hand, wohl um so einen Drink zu ordern.

Ich starrte ihn entsetzt an.

"Das Mixgetränk hat 90%?"

"Nein. Wer redet denn von dem 'Klingon-Warrior'? Aber Du siehst, so funktioniert das. Man muss nur laut und deutlich auf sich aufmerksam machen, und schon erregt man Neugierde. Ihr seid alle viel zu brav und zu harmlos."

Ich starrte ihn an.

"Sind wir das?"

"Klar. Nehmen wir an, da ist ein größerer Con. Was macht der Con-Veranstalter? Er schreibt für die Tageszeitung eine Pressemitteilung. So etwas in der Art von

'Am Samstag findet in Oppelheim ein großer SF-Con statt, da kommen Fans, und auch ein Autor, und da wird viel gesprochen und diskutiert. Könnten Sie vielleicht jemand von der Presse vorbeischicken?' .

"Ja, und?"

"Na, so wird das nichts. Falls der Chefredakteur der Regionalausgabe nicht sowieso beim Lesen eingeschlafen ist, wird er zu so einer lahmen Kiste doch niemand hinschicken. Viel zu teuer. Ne, da muss man ganz anders Texten:

Orgien im Weltall!

'Am Samstag findet in Oppelheim ein großer SF-Con statt, da kommen Fans, und auch ein Autor, und da wird viel gesprochen und diskutiert. Könnten Sie vielleicht jemand von der Presse vorbeischicken? "

Ich starrte ihn neugierig an. "Da sind Orgien auf dem Con?"

"Nein, natürlich nicht. Aber die Überschrift erzeugt die Neugierde, die den Redakteur dazu bringt, einen freien Mitarbeiter vorbeizuschicken, um sicherheitshalber nichts zu verpassen. Und da der dann ein Zeilenhonorar bekommt, wird er sich schon was ausdenken, worüber er interessant schreiben kann."

"Das geht doch nicht!"

"Doch. So funktioniert das im wirklichen Leben. Wir leben in einer Sensationsgesellschaft. Die muss man auch bedienen! Und da keiner die Dinge zu Ende liest, kann ich mit einer knackigen Überschrift die Neugier der Leute wecken. Ein 'tiefschürfender SF-Roman über die Einsamkeit des Menschen in einer extraterrestrischen Welt' reißt ja wohl keinen Rezensenten vom Hocker. Hier bedarf es des expliziten Ausrufezeichens:

Der Außenminister ist bekennender Päderast!"

"Ist er?"

"Nicht der Deutsche. Gemeint ist natürlich im Buch die phantasievolle Vorstellung des Protagonisten über eine zukünftige nichtmenschliche Regierung im Omega-Nebel. Aber die Überschrift, die bleibt und ruft Interesse hervor."

Ich blickte ihn nachdenklich an.

"Vielleicht hast Du Recht. Aber so sind die meisten Fans eben. Keiner von denen möchte gerne im Rampenlicht stehen. Oder sich vordrängeln.

"Na, bei SFCD-Wahlen aber schon!"

"Ja, unter uns Gleichgesinnten. Aber auch das ist doch alles recht brav und bieder. Und nach draußen fehlt uns wirklich das Gespür für die Sensation. Aber so sind wir halt…"

Rudi betrachtete mich kopfschüttelnd.

"Man kann bescheiden sein, und trotzdem die Öffentlichkeit bedienen". Er blickte mich bedauernd an.

"Du glaubst doch nicht ernsthaft, dass jemand Deine Kolumne liest? Versteckt in der AN-Ausgabe? Und dann diese Themen über eine Bar… Keiner wird das lesen!"

"Aber… aber…"

SFCD-Vorstand veruntreut 13.000 EURO?

"So, jetzt wird jemand Deine Kolumne lesen! Das fällt ins Auge. Das mach neugierig!"

"Aber ich schreibe doch gar nicht darüber! Und stimmen tut es doch auch nicht!"

"Deswegen ja auch das Fragezeichen. Wie auch immer: Es macht aber neugierig! Und wenn Du der Meinung bist, dass Deine Kolumne irgendwelche Qualitäten hat, dann ist das der Anlass, dass die Leute einfach mal anfangen lesen. Den Rest muss dann der Inhalt machen.

Ich blickte ihn lange an und nahm einen tiefen Schluck meines 'Klingon-Warriors'.

"Du meinst, so einfach ist das? Es genügt, ein paar komische Zwischenüberschriften zu setzen, und schon erlangt man Aufmerksamkeit? Einfach den Satz

Perry Rhodan Heftserie wird eingestellt!

fett hervorheben? Das war es schon?"

"Genau. Aufmerksamkeit. Den Rest muss der Inhalt machen!"

Er legte mir eine Hand auf die Schulter.

"So müssen wir SF-Fans auch ein bisschen werden. Qualität erzeugen, aber offensiv bewerben. Ein toller Con? Man will neue Fans gewinnen? Dann muss man an die Öffentlichkeit gehen. Neugier wecken. Schlagzeilen machen!

Als Club seinem Hobby eine Plattform geben? Dann muss der Club auch in der Tagespresse erscheinen. Muss neue Personen gewinnen. Ins Gespräch kommen. Muss aus dem Meer der Information aufsteigen."

Ich ließ meine Blicke auf den hoffnungsvollen Nachwuchsautor Frank Außenstein schweifen, der gerade versuchte, dass in seine Schreibmaschine geschüttete Bier wieder zu entfernen.

Außenstein verliert bei brutalem Übergriff Zähne.

Nun ja, irgendwann mal. Aber nicht hier.

Alles Weitere müsste man sehen.

Rudi Gerstner tippte mir auf die Schulter.

"Musst jetzt nur noch eine reißerische Überschrift für Deine Kolumne finden. Braucht aber gar nix mit dem Inhalt zu tun zu haben!"

"Nein?"

"Nein. Wenn die Leser bis zum Schluss des Artikels kommen und feststellen, dass hier überhaupt kein

Zusammenhang besteht, haben sie den Rest doch schon gelesen. Und hat seine Wirkung getan. Prost!"

Spezialitäten aus der Asimov-Kellerbar

Klingon Warrior

Zutaten:
Eiswürfel
3 cl hochprozentiger Rum
1 cl weißer Rum
2 cl goldener Rum
1 cl brauner Rum
1 cl Kirsch-Brandy
1 cl Apricot Brandy
4 cl Ananassaft
2 cl Orangensaft
3 cl Limettensaft
1 cl Papayasaft
0,5 cl Mandelsirup

Zubereitung:
Alle Zutaten außer dem hochprozentigen Rum in einen Shaker mit Eis kurz und kräftig schütteln. In ein Longdrinkglas geben und mit einem Pfefferminzblatt, einer Limettenscheibe und einigen Ananasstücken garnieren. Am Ende den hochprozentigen Rum mit einem Barlöffel darüberträufeln.

Das Internet und die sozialen Medien haben die SF-Fanszene nachhaltig verändert. War vor vielen Jahren mal das selbst herausgegebene Fanzine und der auf der Schreibmaschine geschrieben Brief die typische Form der Kommunikation (und alle Jahre mal wieder der Besuch eines Cons), so hat gerade Facebook dem direkten Kontakt eine ganz andere Qualität gegeben.

Nicht zuletzt bewegt sich die Asimov-Kellerbar seit Jahren als Facebook-Gruppe in diesem Bereich, und sie erschafft damit auch eine witzige Unmittelbarkeit.

Allerdings haben die sozialen Medien auch ihre Tücken: Wer viele Freunde hat, muss sich auch um sie kümmern.

Und wer könnte das Besser wissen als der Kneipenwirt Rudi Gerstner…?

Soziale Kontakte

Vor nicht allzu langer Zeit hat der durchschnittliche SF-Fan seine Kontakte noch gepflegt, in dem er seine Schreibmaschine auspackte und ein kleines Briefchen schrieb. Oder er hat über die Leserbriefseiten indirekt mit Freunden diskutiert. Oder seine Gedanken in einem Fanzine veröffentlicht. Alles in allem eine sehr mühselige und sich in die Länge ziehende Kommunikationsform.
Dann kam die EMail, und plötzlich war ein schneller Gedankenaustausch etwas Normales geworden. Heute geschrieben, Morgen schon die Antwort erhalten.

Heutzutage finden sich immer mehr SF-Fans auf Wer-kennt-Wen, Google+ oder Facebook zusammen, um dort mit Ihren Freunden schnell und fast in Echtzeit zu kommunizieren.

Doch gleichzeitig steigt auch die Zahl der SF-Fans, die den Aufwand der ständigen „Pflege" der Online-Freunde als störend empfinden. Sie fühlen sich eingeengt mit der durch die Teilnahme an solchen Netzwerken entstehenden Verpflichtung, immer Online erreichbar zu sein, was sich in zeitraubenden und täglichen Aufenthalten auf den Seiten der sozialen Netzwerke manifestiert.

Muss das wirklich zum Problem werden?

ANDROMEDA-NACHRICHTEN, das investigative SF-Magazin am Puls der sozialen Netzwerke, hat mit einem Fan und Facebooker der ersten Stunde gesprochen.

ANDROMEDA-NACHRICHTEN: Rudolf Gerstner, Sie sind als Kneipier und bekennender SF-Fan ein überzeugter Facebooker und WKWler, und schon seit Jahren im Netz. Ist eine Teilnahme an sozialen Netzwerken für Science-Fiction-Fans heutzutage eine Notwendigkeit?

GERSTNER: Unbedingt! Auf WKW habe ich über 1.600 Kontakte, bei Facebook bin ich mit mehr als 1.400 Personen befreundet. All die vielen Science-Fiction-Fans, die ich sonst aus den Augen verlieren könnte, mit denen ich niemals mehr sprechen würde! Con-Bekanntschaften, Fanzine-Herausgeber, alte Fan-Freunde – ein paar Klicks und ein paar Zeilen geschrieben, und man hat sich wieder ausgetauscht. Herzerwärmend. Tolle Sache!

ANDROMEDA-NACHRICHTEN: Aber ist das nicht sehr zeitraubend?

GERSTNER: Natürlich ist das mit Aufwand verbunden. Nehmen wir mal die Geburtstagswünsche. An manchen Tagen erinnern mich die Netzwerke an über 40 Geburtstagen von Freunden und Bekannten. Dazu kommt dann die mehrfache Glückwunschübermittlung in den verschiedenen Medien. Da ist man echt beschäftigt!

Hier: probieren Sie mal einen „Vogonen-Killer".

ANDROMEDA-NACHRICHTEN: ARRRCH!

GERSTNER: Gell, der hat Prozente!

ANDROMEDA-NACHRICHTEN: Äh, ja. Zurück zu Ihren Facebook-Kontakten. Wie behalten Sie diesen täglichen Aufwand an persönlicher Zuwendung im Griff?

GERSTNER: Automatisierung. Ich habe mir verschiedene Bots und Skripte für meine Onlineauftritte installiert, die mir viel lästige Alltagsarbeit abnehmen.

ANDROMEDA-NACHRICHTEN: Skripte?

GERSTNER: Kleine Programme. So liest eines dieser Skripte jeden Morgen programmgesteuert die Geburtstagsliste aus und postet „Herzliche Glückwünsche" an die Person. Vollautomatisch!

ANDROMEDA-NACHRICHTEN: Mit immer dem gleichen Text?

GERSTNER: Nun, das war tatsächlich am Anfang problematisch. Eine kurze Krise gab es, als das Skript meiner Freundin in meinem Namen lapidar „Alles Gute fürs neue Lebensjahr" wünschte. Und mein zuständigen Sachbearbeiter beim Finanzamt eine Nachricht mit „tausend Küssen" erhielt. Danach habe ich eine Automatik eingebaut, die den Text je nach der zugeteilten Gruppe grundsätzlich variiert: Enge Freunde, Kollegen, Verwandte. Dazu ein automatischer Variationsalgorithmus, der die Texte unterschiedlich erscheinen lässt. Jetzt läuft wieder alles rund.

Die Asimov-Kellerbar im August

15. August: **Schlag (D)einen Autor**, ein lustiges Überraschungsspiel mit Frank Ausenstein.

20. August: **Buchlesung mit Horst Hoffmann**: *Frauen für Oban-Obana*. Alle Getränke gehen auf den Autor!

28. August: **Strippen für einen guten Zweck**: Der SFCD-Vorstand mit Manske, Murmann und Boldt zeigt, was Sache ist! Das Publikum kann für eine Spende das Ausziehen weiterer Kleidungsstücke fordern – oder auch wieder das Anziehen derselben...

Der Erlös kommt der notleidenden SFCD-Kasse zugute!

Kneipenwirt Gerstner ist in Facebook unter **Rudi Gerstner** zu finden, regelmäßige Kneipenbesucher sind in der Facebook-Gruppe *Asimov-Keller-Bar* zusammengeschlossen.

ANDROMEDA-NACHRICHTEN: Und die Freundin?

GERSTNER: Die Freundin hat sich von mir getrennt. Die Sache mit der Steuerfahndung hat sich auch wieder beruhigt. Inzwischen versendet mein Programm auch Weihnachts-, Oster-, Beileids- und Hochzeitswünsche anhand der Facebookeintragungen völlig automatisch! Das ist doch etwas sehr Schönes für die Empfänger!

ANDROMEDA-NACHRICHTEN: Und das spart wichtige Zeit?

GERSTNER: Unbedingt. Jetzt kann ich mich wieder voll auf meine Kontakte konzentrieren. Schließlich habe ich auch die „Like"-Buttons automatisiert.

ANDROMEDA-NACHRICHTEN: „Like"?

GERSTNER: Sie wissen doch: Wenn jemand etwas schreibt oder auf einen Link im Netz hinweist, können seine Freunde das mit einem Button „Liken". Das zeigt, dass man das gelesen hat, und dem Verfasser zustimmt. Gleichzeitig signalisiert es, dass man sich auch um seine Freunde kümmert. Ist bei über 1.000 Freunden und ihren ganzen Meldungen natürlich extrem aufwändig. Kaum zu glauben, was manche Leute da jeden Tag von sich geben!

ANDROMEDA-NACHRICHTEN: Und da haben Sie…?

GERSTNER: Automatisiert, ja. Ein kleines Script

Der Vogonen-Killer

Zutaten:

3 cl Ananassaft

2 cl Grenadine

2 cl Kirschlikör

3 cl Orangensaft

4 cl Rum, braun

4 cl Rum, Bermudez 151 Proof (75%)

4 cl Rum, weiß

2 cl Zitronensaft

Zubereitung:

1. Grenadine, Ananas-, Orangen- und Zitronensaft sowie alle Rumsorten und den Kirschlikör in einen mit 5-6 Eiswürfeln gefüllten Shaker geben und kräftig schütteln.

2. In ein Longdrinkglas einige Eiswürfel geben und den fertig geshaketen Drink durch ein Barsieb dazu gießen.

3. Eine Limettenspalte ins Glas rein geben und eine Cocktailkirsche an den Glasrand stecken.

setzt das „Ich-mag-das" willkürlich bei etwa jedem zweiten Posting. Ich meine, da laufen am Tag tausende von Beiträgen durch, die kann man ja schließlich nicht auch noch alle lesen...

ANDROMEDA-NACHRICHTEN: Und das fällt nicht auf?
GERSTNER: Mein Script kommentiert auch noch zufallsgesteuert die Beiträge. Texte wie „Echt...?", „Das glaube ich jetzt nicht!" oder „Hätte ich Dir Schlawiner gar nicht zugetraut!" werden automatisch eingefügt und zerstreuen jeden Verdacht. Nur einmal gab es ein Problem, als das Programm den Link auf den historischen Völkermord in Kambodscha mit „Find ich Geil!" beantwortete. Ist aber keinem aufgefallen.

ANDROMEDA-NACHRICHTEN: Und damit bleibt Ihnen mehr Zeit für echte Kommunikation?
GERSTNER: Genau. Auch die vielen direkt an mich gerichteten Nachrichten werden jetzt ebenfalls automatisch beantwortet. Ein kleiner Generator erzeugt in meinem Namen Statusmeldungen, wie „Boa, was für ein Tag!" oder „Gestern im Kino gewesen: Geil" und veröffentlicht ab und zu ein zufällig ausgewähltes Bild aus dem Internet mit einem Kommentar „Schaut Euch das mal an!"

ANDROMEDA-NACHRICHTEN: Und das merkt niemand?

GERSTNER: Überhaupt nicht. Zumal viele meiner SF-Freunde inzwischen auch solche Programme einsetzen. Mein Script und das Programm eines meiner Freunde haben sich 14 Tage lang unterhalten, ohne dass es jemand bemerkt hätte. Es war eine Endlos-Schleife: „Mann!" – „Echt Geil" – „Mann!" etc.

ANDROMEDA-NACHRICHTEN: Und diese Automation hat Ihnen als SF-Fan geholfen?

GERSTNER: Ich bin wirklich glücklich. Jetzt pflegen sich meine sozialen Kontakte ganz automatisch. Manchmal muss ich zwei Wochen lang nicht in Facebook schauen, und habe mich trotzdem um meine Freunde gekümmert! Das ist ja das Tolle am technischen Fortschritt!

ANDROMEDA-NACHRICHTEN: Und die gesparte Zeit?

GERSTNER: Kann ich jetzt zur Kontaktpflege mit anderen Science-Fiction-Fans nutzen.

ANDROMEDA-NACHRICHTEN: Durch direkten Kontakt?

GERSTNER: Wo denken Sie hin? Per Facebook natürlich.

ANDROMEDA-NACHRICHTEN: Herr Gerstner, wir danken für das Gespräch!

Wer als SF-Fan weder Interesse am Schreiben eines SF-Romans oder Kurzgeschichte hat, noch sich das Verfassen einer Buchbesprechung zutraut, der kann immer noch einen Con-Bericht schreiben.

Con-Berichte sind sehr beliebt und füllen viele Fanzines und Internetseiten. Auch dürfen sie völlig subjektiv sein. Allerdings gibt es für das Verfassen eine ganz wichtige Voraussetzung...

Wir kennen alle diese Situation:
Da hat man in einer schwachen Stunde bzw. in einem Zustand der fortgeschrittenen Alkoholvergiftung diesem Herausgeber eines obskuren Fanzines vollmundig versprochen, über den "Rümmelsheim-Con" (oder so ähnlich) einen *ausführlichen* Bericht zu schreiben - und jetzt hat man diesen lächerlichen Wicht am Apparat, der unangenehm hartnäckig nachfragt, wo denn der versprochene Conbericht bleiben würde?
Nun ja, versprochen ist versprochen.
Erschwerend in dieser problematischen Lage ist jedoch, dass man leider nie auf diesem merkwürdigen Treffen war. Offensichtlich auch kein näherer Bekannter, den man schnell um einen Kurzbericht bitten könnte. Nur das Vorab-Programmheft liegt vor und starrt einen mit traurigen Augen an.
Jetzt gibt es nur noch eine Rettung:

Wir basteln uns einen Conbericht

Als Einleitung jedes ordentlichen Conberichtes bringen wir unbedingt Impressionen der Anreise. Also: Langatmige Erläuterungen der Fahrtstrecke ("über die weiten, ausladenden Weinberge der linksrheinischen Gebiete, die 1734 im Rahmen der Bauernkriege schon..."), genaue Betrachtungen zum Wetter ("Der Tag war gekennzeichnet von einer gewissen

Wärme, durchbrochen von leichten Regenschauern..."; Hier kann man ungestört fabulieren, erinnert sich eh keiner mehr dran) und farbenfrohe Schilderungen des Verkehrsaufkommens ("Der zähflüssige Verkehr am Kamener Kreuz erinnert an den großen Ferienstau vor 3 Jahren, als...").

Danach eine ausgiebige Beschreibung des Versuchs, das Conlokal zu finden. Je ungenauer im Programmheft beschrieben, desto nebelhafter auch unsere Anmerkungen ("Und so irrten wir von Einbahnstraße zu Einbahnstraße, ohne die beschriebene Abzweigung wirklich zu entdecken. Alle diese Straßen sahen gleich aus. Hier hätten die Veranstalter ruhig mehr Mühe auf eine sinnvolle Ausschilderung legen können!").

Man beachte die konstruktive Kritik im letzten Satz!

Auf diese Weise schinden wir schon einmal vorab lockere 1.800—2.000 Anschläge, bevor wir uns an das eigentliche Treffen heranwagen müssen. Nur Mut, ein gutes Viertel ist jetzt bereits geschafft.

Nun folgt die Erörterung des Programms. Erfahrungsgemäß unterscheidet sich das tatsächlich stattfindende Programm *erheblich* von den nebulösen Wunschvorstellungen der Veranstalter in den Ankündigungen. Da wir keinerlei Lust haben, auch noch gutes Geld auszugeben und diese komischen Typen am Telefon persönlich zu befragen, bleiben wir bei der sogenannten Realitäts-Wirklichkeits-Masche, wie sie unter Theaterkritikern weit verbreitet ist:

"Waren auch vielerlei Ehrengäste wie Klaus N. Frick und John Scalzi angekündigt, konnte das tatsächliche Angebot an Prominenten nicht vollauf den Ansprüchen des kritischen Con-Besuchers genügen. Wieder einmal zeigt sich, dass groß angekündigte Gäste keine Gewähr für einen qualitativ hochwertigen Con darstellen, sowie etc. etc. blah blah ..."

Nach dieser eleganten Umschiffung einer haarigen Wissensklippe steuern wir jetzt unser Rezensionsschiff mit Volldampf auf totalen Konfrontationskurs:

"Und überhaupt: Was heißt denn hier 'ein toller bunter Abend mit vielen Überraschungen'? Ich war enttäuscht! Die angekündigten Sensationen waren abgeschmackte Kamellen, die Show konnte in keinem Punkt den hochgesteckten Erwartungen der Mehrheit der Teilnehmer gerecht werden..."

Voilà. Das saß. Wer könnte so einer subjektiven Aussage widersprechen? Jetzt wird es höchste Zeit, auch etwas Konkreteres nachzuschieben. Da wir mangels Informationen nicht über derartige harte Fakten verfügen, müssen wir einen literarischen "Ribery-Absatzkick" verwenden, um den Argumentationsball auf ein gänzlich anderes Feld zu verlagern.

"Die Händlertische machten wieder einmal die alte Fragestellung bewusst: Lästige Kommerzialisierung oder interessante Bereicherung des Congeschehens? Ich denke, die richtige Art und Weise, wie dieses Spannungsfeld elegant gelöst werden kann, zeigt die Realisierung auf dem diesjährigen FREUCON. Waren dort doch die Händlertische..." usw.

Nach 50 Zeilen FREUCON-Bericht (der eigentlich gar nichts mit unserem zu besprechenden Con zu tun hat) haben wir es fast geschafft. Nur noch wenige Anschläge trennen uns von einem glücklichen Ende dieser Aufgabe. Jetzt schnell noch ein paar Bemerkungen über Essen & Trinken ("Die Qualität stand in umgekehrt proportionalem Verhältnis zum Preis"), Eintrittspreise ("Ob die Congebühren angemessen waren, darüber lässt sich 'gar trefflich streiten', wie schon Goethe so feinsinnig bemerkte") sowie Unterbringung ("Geschlafen habe ich zwar wie ein Murmeltier, über die Qualität der empfohlenen Herberge möchte ich allerdings aus Höflichkeitsgründen nichts verlauten lassen.").

Wichtig, um Proteste gleich im Keim zu ersticken, ein Lob den Teilnehmern ("ein wirklich engagiertes, begeisterungsfähiges und dankbares Publikum!") sowie eine kurze Streicheleinheit für die Veranstalter, um irgendwelchen Suizidgefahren vorzubeugen ("Haben alles in ihren Kräften stehende getan, um dem Con eine besondere Note zu geben").

Abschließend noch ein ausgewogenes Schlussresümee und die Betonung der kulturellen Relativitätstheorie:

"Ein Con, der streckenweise leider nicht voll überzeugen konnte. Jedoch allemal ein interessantes Erlebnis in einem ungewohnten Umfeld! Natürlich kann man hier auch völlig anderer Meinung sein."

Fertig.

Ein Glanzlicht in einem Meer von matten Conbesprechungen ist entzündet.

Ob das auch funktioniert? Hier kann ich beruhigend antworten:

Ja.

Alle Conberichte werden so geschrieben.

In amerikanischen Fernsehserien gibt es eine Tradition, die sich von "Emergency Room" bis "How I Met Your Mother" verfolgen lässt:

Die Weihnachtsfolge.

Und so will auch die Asimov-Kellerbar dieser alten Tradition treu bleiben.

Liebe Freunde, zum Anlass des Weihnachtsfests wieder eine Geschichte aus der Asimov-Kellerbar. Ein frohes und friedvolles Weihnachtsfest!

Geschichten aus der Asimov-Kellerbar

Heiligabend

Als ich die Asimov-Kellerbar über die lange Treppe betreten hatte, blieb ich im Eingang wie erstarrt stehen.

Die ganze Bar, sonst gewohnheitsrechtlich eher in einen rauchigen Dunst und den Geruch von Bier und sonstigen Alkoholika gehüllt, erstrahlte im Glanz dutzender Lichterketten. Um jeden der vielen Holzpfeiler wanden sich strahlende Lämpchen, manche weiß, viele bunt, einige mit einem rhythmischen und deutlich ins geschmacklose spielenden Blinken. Ein großer Tannenbaum stand rechts von der Bar, behängt mit glitzernden Kugeln und kleinen Anhängern.

Und der Duft! Über der Bar hing eine wunderbare Wolke von Zimt, dem Geruch von Orangen und dem Odeur von köchelndem Glühwein. Tatsächlich: auf dem Tresen stand eine kleine Kochplatte mit dem großen Topf roter Flüssigkeit.

Rudi winkte mir hinter dem Tresen hervor. "Schön, nicht wahr?"

Ich nickte sprachlos. Die große Dartscheibe mit den Perry-Rhodan-Autoren-Bildern war über und über mit Tannenzweigen behängt, vor dem teilbemalten Flugdrachen an der freien Wand hing ein großes Plakat mit Rentieren nebst vollbärtigem Weihnachtsmann und stattlichem Schlitten. Ein Adventskranz mit brennenden Kerzen schwebte über dem verwaisten Stammplatz des bekannten Science-Fiction-Jungautors Frank Aussenstein.

Ich kniff die Augen zusammen. Nicht zu glauben: An der alten Schreibmaschine des angehenden Schriftstellers hatte jemand ein Schild angebracht "Bitte über die Feiertage kein Bier reinschütten! Es ist Weihnachten!"

Wie im Traum schlenderte ich zu Rudi hinüber, der mir bereits eine große Schöpfkelle seines Weihnachtspunschs in ein Pint-Glas goss.

"Und die Musik ist schön, nicht war? 'Christmas Serenity'. Instrumentale Weihnachtsmusik. Wunderbar!"

Ich musste schlucken.

"Weihnachten in der Asimov-Kellerbar? Rentiere? Glühwein? Duftkerzen? Weihnachtsmusik? Und das bei Dir? Ich dachte, Weihnachten wäre gar nichts für Dich?"

Rudi runzelte die Stirn. "Wie kommst Du denn auf so was?"

"Nun, warst Du nicht der Herausgeber des satirischen Ratgebers 'Kreuzigungen leichtgemacht – ein Do-it-Yourself-Buch mit vielen illustrativen Bildern'?

Liegen da hinten nicht die Taschenbücher "Kirchenwitze Band 1-8" herum? Machst Du Dich nicht über jeden Religionsvertreter lustig? Und *Du* machst bei Weihnachten mit??"

Rudi blickte mir streng in die Augen.

"Das ist etwas ganz anderes! Jetzt ist Weihnachten! Heute ist 'Heiligabend'. Wir machen über alles so unsere Scherze, doch trotzdem ist das jetzt eine besondere Zeit im Jahr! Ein Fest des Friedens! Ein Fest der Familie! Diese wunderbare Stimmung möchte ich weitergeben!"

Ich betrachtete die Bar. Sogar eine alte Krippe mit einem kleinen Jesuskund und allerlei anderen Holzfiguren stand im Regal, links von den zerlesenen ANALOG-Zeitschriften und den Perry Rhodan Silberbänden.

"Dir ist aber schon klar, dass die Mehrzahl Deiner Kunden nichts von Kirche und solchen Sachen hält? Ich glaube, die Anhänger des Jediismus ist unter den Stammgästen größer als die der christlich Gläubigen! Und was ist mit all den anderen Religionsangehörigen? Islam, mosaischer Glauben? Willst Du die mit diesem Brimborium vor den Kopf stoßen?"

Rudi seufzte tief.

"Du redest mal wieder Quatsch! Weihnachten hat *natürlich* eine christliche Botschaft! Der Erlöser ist geboren worden! Klar. Doch was wir hier feiern, ist doch die Freude über die Geburt eines Kindes, arm und in dunkler Nacht. Zur Freude seiner Eltern, und zur Freude aller, die dem beiwohnten. Das Kind wurde geboren für die Botschaft: Ich bringe Euch Frieden, ich bringe Euch Liebe. Helft einander!

Denn das ist doch die tiefere Bedeutung, die uns an Weihnachten zusammenbringt. Einmal im Jahr kann ich anderen etwas Gutes tun, ohne als gutgläubiger Trottel zu gelten. Kann einfach etwas geben, ohne gleich misstrauisch nach meinen Motiven befragt zu werden. Kann die Familie zusammenbringen, ohne einen Anlass haben zu müssen. Kann Ruhe einkehren lassen. Und kann bei allem Trubel um Geschenke trotzdem eine Stimmung des zufriedenen 'Wir' bekommen."

Rudi blickte mich nachdenklich an.

"Wir Deutschen haben so ein blödes 'Motiv-Problem'. Wir beurteilen nicht die Taten, sondern suchen immer nach den Motiven dahinter. Und wehe, wenn das Motiv nicht ein hehreres zu sein scheint. Was ist schlimm, wenn politische Nachbarschaftshilfen armen Mitbürgern eine Tafel bereiten? Ist die Tat schlechter, bloß weil sie Ergebnis einer wie immer gearteten politischen Gesinnung ist? Muss man es misstrauisch ablehnen, wenn Gläubige am Fest des Friedens ältere einsame Mitbürger besuchen? Den Einsamen einen Ort der Einkehr bieten? Bloß, weil sie damit auch für ihren Glauben werben könnten?
Kümmere Dich um Deinen Nächsten, denke an die Armen, lade die Einsamen ein. Das steht jedem Menschen gut an, egal welchen Glaubens er ist.

Und das ist mehr, als die meisten meiner kritischen und zynischen Mitmenschen jemals tun.

Und deswegen ist auch hier in der Asimov Kellerbar Weihnachten. Das schließt niemanden aus, sondern lädt ein. Nicht für eine Kirche. Nicht für eine Religion. Nicht für einen 'Ismus'".

Nachdenklich blickte ich auf ein kleines "Engelsgeläut". Goldene Metallengeln schlugen auf einer drehenden, von einer Kerze angetriebenen Achse gegen eine kleine Glocke und erzeugten ein leises, hohes 'ping, ping, ping'.

"Okay, so gesehen ist es in Ordnung. Aber... die Bar ist leer. Glaubst Du, gerade an Heilig Abend kommt jemand hier vorbei?"

Rudi zuckte mit der Schulter.

"Kann man nie wissen. Weihnachten ist für manchen auch ein Fest der Melancholie. Und der Einsamkeit. Es gibt viele Gründe, warum Weihnachten uns auch an Dinge erinnert, die wir nicht haben – oder die wir verloren haben. Und wenn jemand an diesem Abend alleine ist: Er kann in die Kellerbar kommen. Sich in eine Ecke setzen, einen Punsch trinken. Die Musik hören. Vielleicht mit dem Barkeeper ein paar Worte wechseln. Weihnachten feiern."

"Finde ich toll. Ich muss jetzt aber weiter. Zuhause sind noch ein paar Vorbereitungen zu treffen. Ich wünsche Dir ein schönes Weihnachtsfest. Mach's gut!"

Ich blieb stehen und starrte Rudi an.

"Was ist eigentlich mir Dir? Wartet bei Dir zu Hause keine Familie? Freunde?"

Mir wurde bewusst, wie wenig ich von Rudi Gerstner eigentlich wusste.

Rudi blickte nicht auf.

"Lange Geschichte, weißt Du."

Ich blickte auf die Uhr und dachte an meine Liste der noch zu erledigenden Dinge.

Ich dachte an das Weihnachtsfest. An das kleine Kind.

Was soll's? Ich schob mich wieder auf den Barhocker und legte meinen Mantel beiseite.

"Erzähl!"

Und das kleine Engelsgeläut erfüllte mit einem leisen "ping, ping, ping" den Raum, und wenn es möglich gewesen wäre, hätte man den Eindruck gewinnen können, dass der Raum noch ein wenig heller geworden wäre.

Ein frohes und friedvolles Weihnachtsfest allen Freunden der Asimov-Kellerbar

Kehren wir zum Thema unserer geplanten Clubgründung zurück. Nachdem wir den potentiellen Titel unseres Vereins gefunden haben, müssen wir uns nun mit einem anderen, damit unvermeidlichen Phänomen, auseinandersetzen.

Wir gründen einen SF-Verein
Teil 2: Das Mitglied

Nachdem wir uns im ersten Teil dieses informativen Leitfadens über den Namen unterhalten haben, ist es jetzt an der Zeit, ein nicht ganz unwichtiges Hilfsmittel bei der Gründung unserer SF-Gilde International (SFGI) etwas genauer zu untersuchen: Das Mitglied.

Spätestens jetzt musst Du Dich mit diesem ärgerlichen Phänomen auseinandersetzen. Nun ist es nicht so, dass Mitglieder grundsätzlich etwas Negatives sind. Ganz im Gegenteil! Viele Mitglieder zu haben bringt Prestige, Mitgliedsbeiträge sowie das neugierige Interesse von Verlagen, die gerne Rezensionsexemplare unters lesende Volk bringen wollen.

Also all die Dinge , die Du Dir mit der Gründung Deines kleinen Reichs erhofft hattest. Dazu kommt die Anbetung des einfachen Fans gegenüber den oberen Sphären der fannischen Welt.

Aber halt! Es gibt hierbei eine Vielzahl von Problemen, die bedacht sein wollen!

Auch SF-Fans sind Herdentiere, die lieber einem bestehenden Club mit vielen Mitgliedern beitreten, als einer unbekannten Neugründung.

Und, bedauerlicherweise, das muss hier einmal in aller Deutlichkeit gesagt werden, haben Mitglieder auch deutliche Nachteile!

Nicht nur, dass sie oftmals eindringlich und impertinent auf die Erfüllung der versprochenen Leistungen des Vereins wie z.B. Fanzines oder Cons pochen werden. Nein, bei massivem Auftreten des Phänomens 'Mitglied' muss man damit rechnen, dass diese sich auch für so problematische Dinge wie 'Vorstandswahlen' oder 'Kassenberichte' zu interessieren beginnen.

Viele intelligente und bedeutende Fans haben daher die einzig mögliche Alternative gewählt und sich als *virtueller* SF-Verein etabliert.

Ein wenig Kreativität bei der Gestaltung Deiner Mitgliederliste unter Zuhilfenahme eines durchschnittlichen Vornamensbuches sowie durch vertrauliche Gespräche mit ein paar Onkeln und Tanten, die freundlicherweise ihre Briefkästen als Adressen zur Verfügung stellen, und schon kann der neue Verein mit Dir als alleinigem Vorsitzenden und vielen nichtexistierenden Mitgliedern die Arbeit aufnehmen.

Die Vorteile sind immens: Klare Mehrheitsverhältnisse bei Wahlen, keine nervenaufreibenden Diskussionen und schon gar keine verbandsinternen Querelen. Selbst Vorstandssitzungen können so an beliebigen Orten unter Zuhilfenahme der Technik des "inneren Monologes" schnell und unkompliziert durchgeführt werden.

Leider, auch dies sollte hier klar zum Ausdruck gebracht werden, ist ein derartiges Konstrukt nur mit einer kleinen Zahl von virtuellen Mitgliedern durchführbar. Der Aufwand, nach außen hin einen funktionierenden Club zu simulieren, wächst mit der Anzahl der fiktiven Mitglieder überproportional. Zudem wirst Du schon bald feststellen, dass Deine Motivation zur Erstellung des verbandsinternen Fanzines eine stark fallende Tendenz aufweist, wenn die Zahl der Leser klein und die Menge der zu erfindenden Clubtreffen, Vorstandssitzungen und Kassenberichte eher groß ist.

Nach allgemeinen Erfahrungen bietet sich diese Lösung daher nur für kleine Gründungen an, und dient auch eher Deiner Versorgung mit Perry-Rhodan-Clubnadeln sowie der Veröffentlichung Deiner Adresse in den Clubnachrichten.

Doch kleine Dinge sind ja nicht unsere Sache, und schließlich soll die "SF-Gilde International" ja zu _dem_ bedeutendsten Aushängeschild der deutschen SF-Szene werden.

Der Versuch des Autors dieser Zeilen, in seinen frühen Jugendjahren eine Mischkonstruktion von echten und fiktiven Mitgliedern aus der Taufe zu heben, erwies sich klar als organisatorischer Fehlschlag, und kann *definitiv* nicht zur Nachahmung empfohlen werden.

Die neugierigen Fragen der echten Mitglieder nach den fiktiven Gestalten auf den Mitgliederlisten weiteten sich schnell zu aufwendigen Brief- und EMailwechseln zwischen echten und fiktiven Personen aus, bei denen dem Vorsitzenden irgendwann die Übersicht verloren ging.

Eine Situation, die nur durch schnelle und rasche letale Abgänge sowie einen Massenaustritt der virtuellen Personen wieder bereinigt werden konnte.

Nein, vieles spricht für den echten Verein mit gleichermaßen lebendigen wie leider auch lästigen Mitgliedern. Denn, das sei hier betont, es wird unter diesen immer Personen geben, die seltsamerweise Deine natürliche Befähigung zur Führung des Vereins in Frage stellen und mit ihren ständigen Vorschlägen und Anregungen einen Großteil Deiner kostbaren Zeit in Anspruch nehmen (die Du eigentlich zum Lesen der kostenlosen Rezensionsexemplare verwenden wolltest).

Nun, dies ist muss ja gar kein Problem sein.

Stelle Dich vor einen Spiegel und konzentriere Dich auf Deine Erscheinung und Dein Auftreten:

Bist Du hochaufgeschossen, sportlich, dynamisch, eloquent, gutaussehend, mit einem starken, gewinnenden Lächeln und der Fähigkeit, andere Personen mitzureißen und zu führen? Herrscht bei Deinen Reden und Vorträgen gespannte Stille, die nur ab und zu von spontanem Beifall und Hurra-Rufen unterbrochen wird?

Ja?

Also, jetzt noch mal im Ernst.

Aha!

Da dies also alles bei Dir *nicht* zutrifft, fällt der Versuch, auf irgendwelchen Mitgliederversammlungen durch Deine Ausstrahlung den Vorstandsposten zu verteidigen, schon mal weg.

Doch keine Angst! Durch dich als Gründungsvater des Vereins hast Du nämlich unübertroffene Möglichkeiten, trotz des Aussehens eines mittelalterlichen Zwergs, Deinem Mundgeruch sowie Deiner mentalen Ausstrahlung eines Sofakissens, dich als Vorsitzenden Deines Vereins zu behaupten.

Entscheidend ist die *Auswahl* der Mitglieder! Löse Dich am besten gleich von der Vorstellung, dass nach Gründung Deines Vereins die Post mit der Bitte an Dich herantreten würde, die Briefe in Zukunft selber abzuholen, da der Briefträger die Säcke mit den postalischen Beitrittsgesuchen nicht mehr bewältigen könne.

Mitglieder zu bekommen ist gar nicht so einfach, vor allem, wenn das Mitglied auch noch etwas bezahlen soll. Daher empfiehlt es sich, gleich von Anfang an Mitglieder mit kostenfreien Mitgliedschaften zu ködern.

Das gibt Dir die Möglichkeit, eine positive Auswahl der beitrittswilligen Kandidaten vorzunehmen, um so die Mitgliederstruktur Deinen Wünschen entsprechend zu steuern. Dabei gilt die Grundregel: Je weiter weg das Mitglied wohnt und je jünger es ist, desto unproblematischer ist es für Dich. Wichtig ist auch, auf eine breite regionale Streuung zu achten. Mehrere Mitglieder an einem Ort tendieren dazu, sich zu einer Ortsgruppe zu vereinen, die aufmüpfige Forderungen stellt und Fahrgemeinschaften bilden könnte, um einmal bei Dir persönlich die Einlösung der verschiedenen Versprechungen anzumahnen.

Ortsansässige Mitglieder sollten sich auf wenige Freunde oder Freundinnen des jüngeren Bruders beschränken, die bei einer Mitgliederversammlung für ein paar Gratis-Kinokarten gerne Deine gewünschten Anträge unterstützen.

Eine Gruppe von Personen ist bei Deinem Gründungsprojekt besonders wichtig und sollte nicht unerwähnt bleiben:

Die Ehrenmitglieder.

Dabei geht man am besten forsch und entschlossen vor. Nach Zusendung der Satzung mit einer eindrucksvollen Präambel und einem humanistischen Vereinszweck erkundige man sich höflich nach dem Beitritt als Ehrenmitglied. Sollte der Angeschriebene nicht antworten, kann dies großzügig als stillschweigende Zustimmung gewertet werden.

Doch es ist überraschend, wie viele große Namen auf dieser Basis gewonnen werden können.

Erfahrungsgemäß hat dabei ein gewisser jugendlich-begeisterter Charme den größten Erfolg bei der Rekrutierung der neuen Ehrenmitglieder.

Natürlich sollte man nicht *unbedingt* erwähnen, dass man neben dem Adressaten (*„Ist es unseren Mitgliedern ein besonderes Anliegen, gerade Sie anzusprechen…"*) noch weitere 250 Personen angeschrieben hat. Es ist übrigens gar keine Frage, dass man gerade auch SF-fremde Personen aus Film, Funk und Dschungelcamp kontaktieren sollte.

Es ist manchmal erstaunlich, wer sich alles durch eine solche Ehre geschmeichelt fühlt und auf Publicity hofft!

Mit Ehrenmitgliedern kann man auch fantastisch werben, so dass deren Existenz auf Deinem Briefpapier in mindestens 16 Punkt halbfett veröffentlicht werden sollte.

Mit Initiativen dieser Art wirst Du es schaffen, in kurzer Zeit auf Mitgliedsstärken von 30 bis 40 Personen zu kommen, eine Größenordnung, die Deinem Verein und Deinem Ego die notwendige Größe gibt, um im Fandom mitreden zu können.

Und sollte es Probleme mit den Mitgliedern deines Science-Fiction-Clubs geben?

Nun: Dann tritt einfach aus und gründe einen neuen.

Das nachfolgende Interview war eine literarische Zusammenarbeit mit Sven Klöpping, die viel Spaß gemacht hat.

Interview mit Rudi Gerstner

23. Juli 2013
Die Fragen stellte Sven Klöpping

Der Abend war schon etwas fortgeschritten, als ich mich aus der abendlichen Wärme in die Kühle der Asimov-Kellerbar begab. Es schien die übliche Gesellschaft zu sein, die sich bei einigen Bierchen oder Cocktails die Zeit vertrieb, über neue SF diskutierte oder Gerüchte über den **SFCD** kochte. An der Seitenwand warfen einige SF-Fans gelangweilt Pfeile auf die Dartscheibe mit den Bildern von Perry Rhodan Autoren, nur am Tresen saß eine mir nicht weiter bekannte Gestalt, die sich mit einem Block und einem Stift in der Hand mit Rudi zu unterhalten schien.
Ich schlenderte zum hoffnungsvollen Jungautor Frank Außenstein hinüber, der konzentriert auf die alte Olympiaschreibmaschine starrte und offensichtlich transpiratorisch an der Fortsetzung seines Romans arbeitete.
"Frank, wer ist denn das da vorne am Tresen? Muss ich den kennen?"
Aussenstein schüttelte den Kopf.
"Das ist der Klöpping. Will irgendwie ein Interview machen."
"Mit Rudi?? Oh je, ich glaube, da gehe ich mal lieber hin!"
Bekanntermaßen ist Kneipenwirt Rudi Gerstner bei kritischen Fragen durchaus auch mal emotional engagiert. Ich setzte mich also betont unauffällig an den

Tresen, orderte einen Wega-Flip und lauschte bedächtig.

Sven Klöpping: *Hallo Rudi, was gibt's bei euch denn so zu trinken?*

Rudi Gerstner: *Was halt so läuft. Bier geht natürlich immer. Seitdem der Hansi Mader hier regelmäßig auftaucht, haben wir auch eine Reihe von schottischen Malt-Whiskys auf Lager – probier aber bloß nicht diesen Octomore – schmeckt wie verbrannter Torfballen. Guinness läuft auch gut, da ist der Schreiber Eric immer gut dabei. Mussten ihn schon zweimal völlig weggetreten raustragen. Da kommt immer Laune auf.*

Ja, und dann natürlich unsere SF-Cocktails: "Wega-Flip", "Aldebaran Fizz" und "Klingon-Warrior" sind die Favoriten. Die Getränkeliste hängt hier hinten. Und seit neuestem die "Weganische Feuerschnecke" – unser Hausgetränk, auch zum Mitnehmen. Mal probieren?

Sven Klöpping: *Also gut, dann nehme ich die Feuerschnecke ... Sag mal, wie kam dir eigentlich die Idee für eine SF-Fankneipe? Ich meine, eine Fußballkneipe hätte sicherlich mehr Erfolg ...*

Rudi Gerstner: *Ich bin schon seit ewigen Zeiten mit SF-Fans befreundet. Da war das eine ganz einfache Entscheidung. Fußball spielt hier keiner. Oder sehen die da aus, als ob sie nen Ball bewegen könnten?*

Er deutete auf den SFCD-Stammtisch, an dem Manske, Muhrmann und Boldt über die Einführung von Strafzahlungen und körperliche Züchtigungen für nicht engagierte Vereinsmitglieder diskutierten.

Sven Klöpping: *Nein, eher nicht ...*

Rudi Gerstner: *Genau. Und SF-Fans sind einfach besser handhabbar. Pass mal auf ... HE DU DA, LÜHR! DU HAST HIER NOCH DEINEN DECKEL VON GESTERN OFFEN!*

Der so Gerufene rannte verschreckt zur Theke und legte mit einer gemurmelten Entschuldigung einen Zwanziger hin.

Stefan Klöpping: *Verstehe. Und wer kommt so zu euch? Immer dieselben Gesichter? Oder auch mal ein paar*

Unwissende, die ihr in die Geheimnisse der SF einweihen dürft?

Rudi Gerstner: *Na ja, ab und zu verirren sich auch mal ein paar Nichtfans hierher. So am Wochenende, wenn sowieso nicht viel los ist. Die wundern sich dann manchmal, warum da einer auf einer Schreibmaschine arbeitet, und was der Kerl da hinten an der Rückwand mit dem Pinsel in der Hand macht. Das ist übrigens der Krischan Holl: Der malt jetzt seit über 20 Jahren an einem lebensgroßen Flugdrachen bei freien Getränken. War ein echter Fehler von mir ... Immer wenn es so langsam an die Fertigstellung geht, kriegt er wieder Durst, es fällt ihm ein „Fehler" auf und er beginnt von vorne. Kostet mich ein Vermögen an Getränken. Oder unser Frank Aussenstein. Hoffnungsvoller Nachwuchsautor. Schreibt hier immer an seinem neuen Roman. Momentan sind es, glaube ich, "Schleimschnecken auf Ursa Minor", oder so. Findet aber keinen Verleger. Ich hoffe, es bleibt dabei! Na, dann Prost!*

Sven Klöpping: (trinkt einen Schluck) *Mann ist das aber ein SCHARFES ZEUUUG... AAHH!!!*

Rudi Gerstner: *Gell, das ist ein Stöffchen! Original Pfefferschnaps aus deutscher Produktion, für uns als „Weganische Feuerschnecke" abgefüllt.*

Sven Klöpping: *ARG! CHRG! RGGG!! KROAH! RAAAA ...*

Rudi Gerstner: *Ich mache Dir einen "Klingon Warrior". Der beruhigt den Hals. Wo waren wir stehengeblieben? Ach ja, Gäste! Letzte Woche war der Klaus N. Frick mal wieder da. Der ist immer ganz lustig. Gibt auch gerne mal ne Runde aus. Bei den Perry Rhodan Autoren ist das so eine Sache. Manche Gäste finden es lustig, im gedämpften Licht auch mal mit alten Taschenbüchern nach denen zu werfen. Aber natürlich nur ganz scherzhaft ...*
HE, HÖRT AUF, DEM AUSSENSTEIN SCHON WIEDER BIER IN DIE SCHREIBMASCHINE ZU SCHÜTTEN! Das machen die immer wieder! Aber, das ist eigentlich schon Tradition. Und es steigert den Bierumsatz ...

Sven Klöpping: *RRGH... Puuh ... Mann, das Zeug dürft ihr aber nicht jedem geben, echt nicht! Und ... was wollte ich noch sagen? Ach ja: Wie sieht's mit Veranstaltungen aus? Was habt ihr da üblicherweise so im Angebot? Auch Lesungen?*

Rudi Gerstner: *Hier, trink mal den „Klingon". Na, der ist lecker, oder? Lesungen haben wir regelmäßig. Meistens dieser komische Klaus Marion da drüben, der gibt öfters mal was zum Besten. Über aktuelle amerikanische SF-Magazine, oder angelsächsische SF-Literatur oder ähnliches. Auch unser hoffnungsvoller Jungautor Aussenstein hat hier schon mal ein Kapitel vorgetragen ...*

Sven Klöpping: *Und das stößt auf Interesse?*

Rudi Gerstner: *Aber klar doch. Für ein oder zwei Freibierrunden hören sich SF-Fans die erstaunlichsten Dinge an. Für die, die am Abend nicht vorbeischauen können, gibt es dann die exklusive Facebook-Gruppe "Asimov-Kellerbar".*

Sven Klöpping: *Auf eurer Homepage steht, dass es mittlerweile auch ein Buch zur Bar gibt: "Geschichten aus der Asimov-Kellerbar" von Klaus Marion. Was gibt es darin Interessantes zu lesen?*

Rudi Gerstner: *Was hier halt so passiert, worüber hier diskutiert wird. Das Elend des Science-Fiction-Fans eben. Die Typen, denen man auf jedem Con begegnet. Und das Ganze noch satirisch angehaucht. Fan-Satiren über die SF-Fans, das SF-Fandom und all die seltsamen Gestalten aus unserer Szene. Gesammelt aus 25 Jahren. Nicht zu verachten sind aber auch meine leckeren SF-Mixgetränkerezepte.*

Die Satiren erscheinen übrigens auch regelmäßig in den ANDROMEDA-NACHRICHTEN des SFCD. Die erste Satire aus meiner Bar erschien 1989! Kaum zu glauben. Dabei würde ich wetten, dass das höchstens 3 oder 4 Jahre her ist. Aber die Zeit scheint hier manchmal anders zu laufen.

Der Klaus N. Frick hat da übrigens das Nachwort von dem Buch geschrieben. He, MARION: Auf dem MucCon im Herbst machst Du doch ne Buchlesung, oder? Samstag, 17 Uhr? Von den Veranstaltern parallel gegen den Jeschke gelegt. Hähä.

Im Ernst: Ist sehr zu empfehlen: Und es gibt auch für Teilnehmer 'nen Fläschchen "Veganische Feuerschnecke" gratis!

Sven Klöpping: *Wie viel Kladra ... äh ... Quadratmeter hat die Bar eigentlich? Und hat sie auch ein Kellergewölbe?*

Rudi Gerstner: *Nee, das is'n Baucontainer!? Quatsch, natürlich haben wir hier ein Gewölbe. Du stehst ja drin. Schau mal hoch. Das waren anscheinend doch ein paar Prozente zu viel in Deinem Drink. Hier, ein Bier zum Verdünnen. Sind übrigens knapp 80 Quadratmeter.*

Habe ich erwähnt, dass der Johannes Unnewehr auch eine Asimov-Kellerbar-Hymne komponiert und arrangiert hat? In den nächsten Tagen wird sie hier live aufgeführt!

Die üben hier aber schon manchmal... Den Refrain find ich gut (legt eine CD auf)

"Sie kämpfen gegen Feuerschnecken, und Vurrguzz und Jahr für Jahr

Science-Fiction-Fans gehen gafia oder in Asimov's Kellerbar"

Sven Klöpping: *Nun, tja, und dann wollte ich noch fragen ... hmmm, was könnte man da noch fragen? Frach dich selbst doch einfach ma was, isch bin jetzt zu beschwipst.*

Rudi Gerstner: *Gerne: Hast Du auch Geld dabei? Und erinnerst Du Dich im alkoholisierten Zustand daran, wenn Du mehrmals bezahlt hast?*

Sven Klöpping: *Sachma ... jetz janz ehrlisch: Was hältste eigentlich vonner deutschen SF-Scene so? Alles larifari oder humta-humta-täterä?*

Rudi Gerstner: *Nun, das ist echt schwierig. Die echten Fans, die noch Fanzines produziert haben, sich regelmäßig Briefe geschrieben oder sich in Leserbriefen runtergemacht haben – die sind weniger geworden. Heute ist alles sehr elektronisch, schnell und manchmal sehr oberflächlich geworden. Deswegen ist es so schön, dass wir hier zusammenkommen können. Echte Fans!*

Sven Klöpping: *Puuuh ... Ich glaub, noch n Schluck un ich muss pullern gehn. Also, was wollt ich gleich noch loswerdn? Ach ja, war'n schon irgendwelche Promis bei euch? Vielleischt sogar ausm Ausland?*

Rudi Gerstner: *John Varley fand die Idee dieser Kneipe sehr lustig, auch dass man aus der Ferne per Facebook daran teilnehmen kann. Er hat in der Asimov-Kellerbar einen Vortrag gehalten, über seinen ersten Conbesuch als Autor. Der Marion hat das übersetzt und die Erlaubnis für die Veröffentlichung bei John eingeholt. Aber er spricht kein Deutsch, so ist er nur selten da.*

Sven Klöpping: *So, ich halt's nich mehr aus, ich bin dann mal für kleene Jungs. Erzähl einfach noch irgendwas Interessantes, was dir gerade so einfällt.*

Rudi Gerstner (blickt ihm nach): *Okay, welcher Witzbold hat ihm die weisse Farbe auf den Sitz geschmiert??*

Klöpping kam nach gefühlten 45 Minuten wieder.

Sven Klöpping: *Sooo ... das war aber wieder mal ne Begegnung der dritten Art, das kann ich dir sagen! Wo war'n wir stehngeblieben? Sach ma ... Ah, stimmt. Also, ich mein, die Toiletten sind ja noch in nem ganz ordentlichen Zustand, wenn man bedenkt, wie trinkfest der gewöhnliche Fan ist ...?*

Rudi Gerstner: *Ja, das ist schon ein trinkfester Haufen. Aber alle ganz lieb. Am besten ist es, wenn abends die Stimmung ins Melancholische abgleitet, man sich über frühere Erlebnisse unterhält, und an die Freunde von früher erinnert. Manchmal, spät abends, da kann man dann die alten Fans sich liebevoll unterhalten und streiten sehen. Da sitzen dann manchmal der Walter Ernsting und der Willi Voltz da hinten in der Ecke, und unser alter Kumpel Joachim legt wieder was von seiner Musiksammlung auf.*

Sven Klöpping: *Machst du das eigentlich alles allein oder hast du noch Hilfe?*

Rudi Gerstner: *Ich versuche das hier alleine zu machen, aber wenns knapp wird, helfen die SF-Fans hier auch mal aus. Der Mark Pepper, Annissa Heinrichs und Марк Генри haben schon ab und zu mal das Kommando an der Theke übernommen. Denn ohne engagierte Gäste ist keine SF-Kneipe einen Pfifferling wert.*

Sven Klöpping: *Zum Schluss noch die Formali ... äh ... dingens: Wie kommt man zu euch, wo kann man kostenlos parken und wo sich abschleppen lassen? Oder abschleppen? Jetzt aber zacki, Mann. Wir woll'n die ganze Wahrheit hören!*

Rudi Gerstner: *Den Weg hierher ist einfach zu finden. In die Innenstadt, dann links um die Ecke, und einfach einen einheimischen SF-Fan fragen. Für alle, die es nicht bis hierher schaffen, gibt es auch noch die Facebook Gruppe Asimov-Kellerbar.*

Sven Klöpping (trinkt schwankend einen letzten Schluck): *So, das war aber mal wieder n harter Abend. Bis denne, Rudi. Guter Laden, Reschpekt. Und danke für deine Antschworten!*

Ich betrachtete interessiert, wie Klöpping langsam vom Barhocker glitt und auf dem Boden aufschlug.

Rudi Gerstner winkte einigen stämmigen Gestalten vom Ordnerdienst des SFCD und trug ihnen auf, dem Gast draußen vor der Bar ein ruhiges Lager zu bereiten.

Ich nickte Rudi zu und machte mich wieder auf den Weg nach Hause.

Ja … doch, war mal wieder ein interessanter Abend.

Aufgezeichnet von **Klaus Marion**
Die Fragen stellte **Sven Klöpping**

Bei der nachfolgenden Satire beleuchten wir einmal die andere Seite des ewigen Kampfes zwischen Autor und Rezensent. Denn kaum hat man eines seiner fantastischen Werke öffentlich gemacht, versuchen immer wieder zwielichtige Gestalten, dieses Meisterstück des menschlichen Esprits schlecht zu schreiben. Zeit, sich dagegen zu wehren!

Die Rezension

Der nachfolgende Vortrag wurde vorletzte Woche im Rahmen der Autorentagung in der Asimov-Kellerbar gehalten.
Vortragender war Rudi R. Gerstner, seines Zeichens Wirt der Asimov-Kellerbar und Gründer der *Arbeitsgemeinschaft betroffener Rezensionsopfer* im SFCD (AbRO).
Wir halten das nachfolgende Dokument für so wichtig, dass es an dieser Stelle der breiteren Öffentlichkeit im deutschen SF-Fandom bekannt gemacht werden sollte.

Als abendliche Spezialität wurde ein Han-Solo-EggNog gereicht

Lieber Science-Fiction-Fan,

nun ist es also soweit. Dein Roman, Deine SF-Story, Deine Rezension oder die neueste Ausgabe Deines Fanzines ist erschienen.

Nach den üblichen, unauffällig lancierten Hinweisen zur Veröffentlichung Deines Meisterwerks in den sozialen Medien, per EMail oder auf dem letzten Con, hast Du in bewährter Manier dutzende von Freiexemplaren als kostenlose Rezensionswerke in Umlauf gebracht.

Diese Aktion verhindert zwar nachhaltig einen wie immer gearteten späteren Verkaufserfolg, dafür steht die Gewissheit, dass zumindest ein paar Menschen Dein Machwerk gelesen haben (oder zumindest ein schlechtes Gewissen besitzen, weil Sie es trotz Gratislieferung nicht getan haben).

Es dauert dann auch nicht lange, und schon taucht die erste Rezension an bedeutender Stelle in einem der vielen Magazine auf.

Du schlägst das Heft an der angegebenen Seite auf, blätterst gierig an die richtige Stelle, Dein Zeigefinger wandert von Zeile zu Zeile. Schön... Nun... Also... Aber...

An dieser Stelle müssen wir der bitteren Wahrheit ins Auge sehen: Die Rezension ist schlecht. Das heißt, sie ist nicht so, wie Du erwartet hast. Statt der hallelujagleichen begeisterten Aufnahme Deines Meilensteins am deutschen Fandom-Himmel kommt eine abwägende Kritik zustande, die zwar manch' Positives aufzeigen kann, aber an den wichtigen Stellen nur ein bestenfalls durchwachsenes Lob in Aussicht stellt.

Du bist schockiert. Du bist offensichtlich völlig missverstanden worden. So geht das nicht.

Natürlich, der Rezensent ist ein kompletter Idiot. Das war Dir selbstverständlich vorher schon klar, aber Du hattest nicht mit der Unverfrorenheit gerechnet, mit der dieser Wicht seinen niedrigen IQ und sein völliges Fehlen an fachlichem Wissen zu Literatur und Sprache durch eine negative Beurteilung kaschieren würde.

Nein, das können wir so nicht auf uns sitzen lassen.

Ich möchte hier ein paar Hinweise und Handlungsalternativen aufzeigen, wie wir alle mit einer solchen unschönen Situation umgehen können. Die nachfolgenden Methoden sind jahrelang erprobt, und viele hoffnungsvolle SF-Amateurautoren sind mit der Handhabung derselben bestens vertraut.

Die Methode des frontalen Angriffs

Diese eignet sich leider nur bei *wirklich* schlechten Kritiken. Auch macht sie nur bei größeren Publikationen Sinn, deren regelmäßiges Erscheinen dem jeweiligen Herausgeber am Herzen liegt. Doch hier können wir dann in die Vollen gehen.

Als erstes: schreibe mindestens drei Gegendarstellungen zu dem inkriminierenden Artikel. Mache darauf aufmerksam, dass der Abdruck dieser Gegendarstellungen nach Landesmediengesetz blah blah blah usw. gesetzlich vorgeschrieben ist. Ob die verlangten Darstellungen tatsächlich falsche Tatsachenbehauptungen darstellen, ist hier ohne Belang. Schiebe unmittelbar eine Unterlassungserklärung nach, bei der sich der Herausgeber verpflichtet, bei Androhung von Vertragsstrafe niemals mehr (in Worten: NIEMALS MEHR) negative Äußerungen über Dich oder Deine Werke abzugeben. Dazu kommt die Ankündigung, wegen des wirtschaftlichen Schadens Beträge in Größenordnungen des Jahresgehalts eines Industriemanagers zu verlangen (entgangene Verkaufsauflage, Reputationsschaden, Anwaltkosten etc.). Sollte Dich die Lektüre dieser völlig an den Haaren herbeigezogenen Kritik gesundheitlich angegriffen haben, wäre auch das Einklagen eines Schmerzensgelds eine sinnvolle Überlegung.

Übrigens: Clevere Autoren versuchen mit sanftem Druck, die Verheiratung von Geschwistern oder nahen Anverwandten mit Vertretern des juristischen Berufsstands zu fördern.

Nichts ist bei der Drohung eines öffentlichen Prozesses wegen übler Nachrede so hilfreich, wie der anwaltliche Briefbogen und die mehrseitige Ausführung des potentiellen Klagegrundes.

Feige Fanzineherausgeber oder unsichere Magazinhersteller werden hier bereits einknicken und sich reumütig für die Kritik entschuldigen.

Die Methode des Fehleraufdeckens

Nun erlebt man aber auch Situationen, bei denen ein präventiver, juristischer Erstschlag gegenüber dem Herausgeber kontraproduktiv wäre. Hier bleibt die Methode des Fehleraufdeckens in einem Schreiben an den Autor.

Wichtig dabei ist, dass Ton und Stil des Schreibens verständnisvoll sind und der Duktus sachlich und kooperativ bleibt.

Bedanke Dich für die freundliche Erwähnung Deines Werks oder Artikels, verweise aber darauf, dass dem Rezensenten doch einige sachliche Fehler unterlaufen sind („… bin ich tatsächlich erst am 21.5.1978 auf diesem Con erschienen, nicht schon am 20.5.1978!").

Neben diesen komplett falschen Sachaussagen ist es wichtig, auch auf offensichtliche Fehler bei anscheinend nur flüchtiger Durchsicht Deines Werkes zu verweisen („… Kann man im Übrigen auf Seite 138, 3. Zeile, 5. Wort meines Werkes feststellen, dass die Hauptfigur mitnichten einfach ‚verheiratet' ist, sondern offensichtlich sowohl kirchlich wie *auch* standesamtlich geehelicht hat. Diese fehlerhafte Rezeption führt *natürlich* zu einer gänzlich falschen Beurteilung der Qualität des folgenden Handlungsstrangs").

Ziel ist, den Rezensenten fachlich völlig unglaubwürdig zu machen. Wer schon in Sachdetails solche Fehler macht…

Unterstützt wird diese Vorgehensweise bitte immer durch Verteilen von Kopien des Schreibens an Herausgeber, SFCD-Vorstände, Fanzinemacher sowie dem öffentlichen posten in Diskussionsgruppen auf Facebook. Mit etwas Glück wird in der nächsten Ausgabe eine Korrektur, ein entschuldigender Herausgeberbrief oder sogar eine kleinlaute Korrektur des Autors erscheinen.

Die Methode der mangelnden Erfahrung.

Wie kommt eigentlich der seltsame Wicht dazu, Deine wundervolle Buchbesprechung oder die phantasievolle Kurzgeschichte überhaupt beurteilen zu wollen?

Sollte der miese Rezensent jünger sein als Du, dann haben wir unseren Angriffspunkt gefunden. Schreibe einen Leserbrief an den Herausgeber des Fanzines, in dem Du Dich nachdenklich fragst, ob nicht eine so wichtige Sache wie die Beurteilung von fremden künstlerischen Werken jemand überlassen werden sollte, der auch historisch die Erfahrung und die entsprechende Übersicht hat („... Ich glaube nicht, dass jemand meinen wundervollen Conbericht angemessen beurteilen kann, der nicht 1956 die unseligen Ereignisse rund um den Zagreb Con persönlich miterlebt hat!"). Es ist übrigens nicht notwendig, selbst diese Dinge erlebt zu haben – niemand wird sich die Blöße geben und nachfragen, worum es sich dabei eigentlich handelt (Außer vielleicht dem so angegriffenen Rezensenten – der sich aber mit der Frage damit selbst ins Abseits gestellt hat).

Dem Autor selber schreibst Du einfach väterlich/mütterlich, dass er natürlich nichts für sein junges Alter könne, Du aber bereit wärst, ihm hilfreich beiseite zu stehen und ihm gerne aus dieser peinlichen Situation helfen würdest. Z.B. in dem Du eigenhändig für ihn die Korrektur und Entschuldigung zu dieser missratenen Besprechung verfasst.

Die Mitleidstour

Manchmal hat man jedoch gegen einen großen Namen keine Chance. Würde man gegen eine vernichtende Rezension eines Horst Hoffmann ankommen? Was tut man gegen den gesenkten Daumen eines Arndt Ellmer?

[Protokoll vermerkt zustimmendes Nicken der Erwähnten unter den Anwesenden].

Doch auch wenn ein großer Autor oder SF-Fan sein Machtwort gesprochen hat, haben wir immer noch Trümpfe in der Hand. In solchen Situationen empfiehlt es sich, allen bekannten Herausgebern von Fanzines und Magazinen ein Essay über eine persönlich erlebte Vendetta zuzuschicken. Tenor: „Erst überfährt er meinen Hund, dann schlägt er meine Frau, spioniert mich aus, schwärzt mich unrechtmäßig beim Finanzamt an, setzt Gerüchte in Umlauf. Und jetzt versucht er mein Literaturschaffen in den Schmutz zu ziehen...Ich denke über Selbstmord nach!"

Natürlich nennst Du keine Namen! Auch um welche Besprechung es sich handelt, kann getrost im Ungefähren bleiben.

Die Herausgeber werden sich auf diese menschlich bewegende Anklage stürzen und selber in Frageform die Verbindung herstellen... Am Schluss bist Du und Dein Werk rehabilitiert, und dieser miese Wicht ist völlig unten durch!

[Protokoll vermerkt entsetzte Blicke bei den Erwähnten]

Terror

Wenn Dich all dies nicht befriedigt, und die Mitleidstour nicht Dein Ding ist, gehe zum Gegenangriff über. Die Deutsche SF-Szene ist ein Dorf. Verbreite Gerüchte über EMail oder Facebook. Bestelle im Namen dieses miesen Romanbesprechers Luxuswaren im Internet an seine Adresse, schwärze ihn bei der Steuerbehörde an, unterstelle in anonymen Schreiben an die Polizei und die lokalen Tageszeitungen Schwarzgeld in der Schweiz, Pädophilie im Internet sowie gewerbsmäßigen Rauschgifthandel im Allgemeinen.

Dazu kannst Du dann, wenn Du schon dabei bist, auch noch in seinem Namen Manifeste zur Legalisierung der Sklaverei sowie der Vergesellschaftung der griechischen Staatsschulden zu Lasten der Künstlersozialkassen verbreiten.

Gewalt

In vielen Kulturen ein probates Mittel zur Klärung von Meinungsverschiedenheiten aller Art.

Auch in Literaturkreisen kann ein gut gezielter Karatehieb zu einer Serie von tief empfunden Entschuldigungsartikeln und allgemeinen Widerrufen führen.

Dies ist aber nur dann eine Option, wenn Du (abgesehen von unwahrscheinlichen ethischen Skrupeln) entweder Meister im Mittelschwergewicht oder Träger eines schwarzen Gürtels bist. In allen anderen Fällen ist die Gefahr groß, dass der Rezensent selber Boxen oder Karate als Hobby betreibt, was zu einer für Dich peinlichen Situation führen könnte.

Han-Solo-EggNog

Zutaten:

4 cl Bourbon Whiskey
2 cl Rum (braun)
1 cl Sahne
1 cl Zuckersirup
1 St Eigelb
1 St Eiweiß
10 cl Milch
Eiswürfel
Muskatnuss

Zubereitung:
Alle flüssigen Zutaten außer Milch mit einem ganzen Ei und einigen Eiswürfeln in den Shaker geben. Kräftig schütteln, und die Mischung durch das Barsieb in ein Longdrinkglas abseihen. Je nach Geschmack mit eiskalter Milch auffüllen und umrühren. Den fertigen Drink mit Muskatnuss bestreuen und sofort servieren.

Kritik annehmen

Natürlich gäbe es noch die Option, die Kritik im Artikel einfach anzunehmen und bei der nächsten Veröffentlichung zu berücksichtigen.

Aber das, um ehrlich zu sein, hat noch nie jemand gemacht.

Vielen Dank!

[anhaltender Applaus]

Die Vorträge in der Asimov-Kellerbar

Die Asimov-Kellerbar hat nicht nur satirisches zu bieten.
In der Facebookgruppe der Asimov-Kellerbar werden immer wieder ganz ernsthafte Vorträge aus dem weiten Feld der Science-Fiction präsentiert.
Und während der Wirt Rudi eine Runde Guinness oder neue Kreationen herumgehen lässt, können die geneigten Zuhörer sich von interessanten Themen inspirieren lassen.

Liebe Freunde,

der Gastvortrag in der Asimov-Kellerbar zur Science-Fiction-Literatur wird von unserem geschätzten Mittrinker **Klaus Marion** gehalten.

Unser heutiges Thema ist ein Buch. Genauer gesagt, ein englisches Buch, das den schönen Namen "The Cambridge Companion to Science-Fiction" trägt. Es ist ein Sachbuch, 2004 erschienen, und wie der Name ebenfalls befürchten lässt, auf Englisch geschrieben. Leider gibt es keine deutsche Übersetzung, und unser geschätzter Redner wird sich mit der naheliegenden Frage beschäftigen, ob wir damit etwas verpasst haben.

Ich für meinen Teil kann dazu nichts weiter sagen, außer der Frage, wie der durch Cambridge fließende Fluss heißt? Weiß es jemand? ... Ja? ... Außenstein hat recht! Es ist die Cam! Hätte man sich bei dem Städtenamen ja denken können...

Ich möchte noch erwähnen, dass wir jetzt auch regelmäßig ein Pub Quiz mit SF-Fragen veranstalten.

Während des Vortrags möchte ich darum bitten, keine Gegenstände auf den Vortragenden zu werfen. Bier muss an der Bar geholt werden! Pub-Regeln! Bezahlung bei Abholung!

Bitte sehr, Meister!

[Applaus]

Der "Cambridge Companion to Science Fiction"

Natürlich sollte man ein Buch nicht nach dem Titel beurteilen – "don't judge a book by its cover", wie der Engländer so gerne altklug wie sprichwörtlich bemerkt. Aber natürlich ist es kaum anzunehmen, dass man bei einem Buch mit dem Titel "The Cambridge Companion to Science Fiction" nicht in eine gewisse Erwartungshaltung verfällt.

Wie der Titel vermuten lässt, ist das Buch bei Cambridge Press erschienen, einem universitären Verlag, der wie sein Vetter von der Oxford Press, *natürlich* mit dem Renommee der dortigen Colleges hausieren geht.

Also, irgendwie ein wissenschaftliches Werk, Sekundärliteratur, wie es so schön heißt. Erhältlich ist das Druckwerk als Taschenbuch für rund 25 Euro (5. Auflage, 2012), als gebundene Ausgabe für knapp 80 Euro sowie als eBook (z.B. kindle) für gut 14 Euro.

Muss ich mir das also in einer Fremdsprache antun? 400 Seiten in Englisch sind für den deutschen Schnellleser gefühlte Tausend. Doch ein kurzer Blick bei Amazon zeigt: *Natürlich* ist das Buch *nicht* ins Deutsche übersetzt.

Sind wir in den letzten Jahren als bekennende SF-Fans mit Roman-Übersetzungen in unsere Sprache nicht gerade verwöhnt worden, so ist die Lage auf dem Markt der Sekundärliteratur, den Büchern über Bücher, fast als verheerend zu bezeichnen. Dem mündigen Leser fällt da als rühmliche Ausnahme erst einmal Brian W. Aldiss' (und Brian Wingrove als Co-Autor – warum wird der immer vergessen?) *Der Millionen-Jahre Traum* ein, später als erweiterte Fassung im deutschen unter dem Titel *Der Milliarden-Jahre Traum* erhältlich. Ein Monumentalwerk zur Geschichte der Science-Fiction, gut recherchiert und unterhaltsam geschrieben. Danach – kommt relativ wenig. Und wenn doch, dann ist es vergriffen.

Das wäre im Übrigen ja nicht weiter dramatisch, gäbe es im deutschsprachigen Raum vergleichbare ambitionierte und ernsthafte Projekte mit entsprechenden Ergebnissen und Verbreitung. Leider ist dem nicht so (und wenn doch, ist es zumindest nicht bis zum normalen Fan vorgedrungen).

Was damit zu tun haben mag, dass in Deutschland ein seltsamer Umgang mit der wissenschaftlichen Betrachtungsweise herrscht. Wissenschaftliche Aufarbeitung ist bei uns traditionell eine *verflucht* ernsthafte Sache. Das war schon immer so, und wer mit universitärer Fachliteratur zu tun hat, wird den Unterschied zwischen einem Deutschen Werk und einem angelsächsischen Fachbuch mit Überraschung und Wehmut bemerken. Wo deutsche Sätze in deutscher Fachliteratur mit dem Reissbrett gezirkelt werden, um in bedeutungsschwangerer Weise die Tiefen des profunden Wissens des Autors darzulegen, ist englische Fachliteratur von ganz anderem Kaliber: (Meist) Gut geschrieben, manchmal ironisch oder witzig, und wo etwas einfach zu erklären ist, werden auch einfache Worte genommen. Kapitel sind mit geistreichen oder tiefsinnigen Zitaten versehen – eine Wohltat, wenns denn die eigene Muttersprache wäre. Trotz dieser fremdsprachigen Erschwernis ziehe ich in meinem beruflichen Umfeld des Computerunwesens jederzeit den englischen Titel dem deutschen Werk vor. Natürlich, dass sei hier auch angemerkt, ist nicht alles böser Wille: Die intellektuellen Voraussetzungen eines Erstsemesters an einer beliebigen durchschnittlichen Uni (College) in den USA wie auch in England ist nicht zu vergleichen mit den (noch) bestehenden Anforderungen und Voraussetzungen eines deutschen Studenten. Da ist es für den angelsächsischen Autor manchmal schlicht notwendig, einfachere Worte zu finden.

Auf der anderen Seite, und das ist wieder etwas kulturelles, gibt es bei wissenschaftlicher Bearbeitung von Themen einen ganz deutlichen Unterschied zwischen unserer wissenschaftlichen Kultur und der Angelsächsischen, und hier ganz besonders der britischen Denkweise. Während in Deutschland erst gefragt wird, ob das potentiell zu bearbeitende Thema ein Ernstes ist, um dann eine Bearbeitung des Sujets in Erwägung zu ziehen, so hat gerade der universitäre Engländer einen besonderen Spaß daran, beliebige (auch unernste oder fiktive) Themen einer ernsthaften wissenschaftlichen Untersuchung zu unterwerfen. Kein deutscher Professor oder Dozent für Literatur wäre auf die Idee gekommen, seine Untersuchungen zur Sprachentwicklung und Historie mit einem fiktiven Werk, einer fiktiven Geschichte und gleich noch der kompletten Erfindung einer ganzen Sprache zu krönen. Für Engländer bringt diese spleenige Herangehensweise keinen Reputationsabbruch in ihrer Karriere – und so hat auch ein gewisser Herr Tolkien der Menschheit Mittelerde mitsamt der kompletten elbischen Sprache geschenkt.

Dabei ist es nicht so, dass der Engländer sich nicht darüber im Klaren ist, dass das manchmal schon *sehr* schräg ist – die Meinung des Briten über seine Dozenten und Professoren (und ihre weltliche Lebensfähigkeit) ist nicht immer die Beste (ich verweise da gerne auf die Tom Sharp Bücher der Achtziger Jahre, in dem gerade die linksliberale Universität ihr Fett abbekommt). Aber man akzeptiert es. Solange die Methode stimmt, ist das Thema erst einmal egal.

Also (und jetzt schlage ich wieder den Bogen zu unserem eigentlichen Thema), kann man gespannt sein, was dieses Werk uns inhaltlich wie wissenschaftlich zu bieten hat.

Nun (und wir sind immer noch bei den Äußerlichkeiten), knapp 400 Seiten sind nicht gerade viel. Wie man bei genauer Betrachtung feststellen kann, haben wir hier kein Lexikon oder History (Geschichte) der SF vorliegen. Companions (Begleiter) sind im englischen oftmals Bücher, die einem etwas zu einem Thema erzählen wollen, ohne den absoluten Anspruch auf Vollständigkeit zu erheben. So auch hier, wie schon der Blick ins Inhaltsverzeichnis zeigt.

Gegliedert ist unser Companion, der mir in seiner (halbwegs akzeptablen) Kindle-Version als eBook vorliegt (Der Preis war dabei das ausschlaggebende Kauf-Argument), in drei ausgewiesene Hauptteile.

Wobei auch der Einleitungsteil nicht unerwähnt bleiben soll: In einer Vorstellungsrunde werden alle Autoren mit ihren bibliographischen Daten vorgestellt, in einem essayistischen Vorwort schreibt *James Gunn* sehr interessant über die Entwicklung der Geschichte der Sekundärliteratur in der amerikanischen und britischen SF, und in einer ebenfalls lesenswerten und persönlich gefärbten Einführung notiert die Mitherausgeberin *Farah Mendelsohn* ihren Zugang zur SF und die Gründe, Science-Fiction zu lesen.

Gut gefallen hat mir (weil heutzutage selten), die eigenen, kritische Einschätzungen und Abgrenzungen der Herausgeber, worüber das Buch denn handelt – und worüber nicht.

Das Buch wendet sich an den angelsächsischen, muttersprachlichen Leser. So die Herausgeber. Nicht, weil das Lesen des Buches sonst nicht möglich ist, sondern weil zu seinem Verständnis die Sozialisation im Westen, bzw. den USA oder England mit all den gesellschaftlichen Hintergründen und Tageserleben (Film, Fernsehen, Kultur) notwendig ist.

Die aufgezeigte Geschichte ist für das 20. Jahrhundert eine Geschichte der amerikanischen (und britischen) SF. Ich empfinde es als sehr positiv, diesen Punkt auch einmal von den Vertretern ebendieser SF deutlich klargestellt zu bekommen. Selbsterkenntnis usw. ... Nun gut, es ist ja auch ein britisches Buch.

Eine ehrliche Einschätzung, die nur klar beschreibt, was gerne auch in Deutschland unterschlagen wird: Wir lesen westliche, und zwar hauptsächlich amerikanische, SF. Nun sind wir zwar keine englischen

Muttersprachler, da aber der Großteil der gelesenen Science-Fiction-Literatur (von den Kinothemen mal ganz zu schweigen) schon immer angelsächsische Werke gewesen sind, haben wir als so sozialisierte deutsche Leser keinerlei Verständnisprobleme und können die hier dargestellten Bücher und ihre Kommentierungen ohne Schwierigkeiten verstehen und nachzuvollziehen.

Das Buch behandelt ebenfalls explizit nicht die außeramerikanische SF-Literatur, namentlich die osteuropäische Science-Fiction (auch dies wird an einer Stelle bedauernd erwähnt), ein Stanislaw Lem erscheint in den Texten nur am Rande.

Nun, wie ist das Buch aufgebaut? Die drei schon erwähnten Hauptteile sind „Die Geschichte", "Kritische Ansätze" sowie "Genres und Themen".

Die Übersicht über die Geschichte der SF ist in 4 große Teile gegliedert, wobei Brian Stablefords "Geschichte der SF, bevor sie sich SF nannte", nett geschrieben ist, aber wie auch die anderen Teile ("Die Magazin-Ära", "New Wave und ihre Nachwirkungen" und "von den 80ern bis zur Gegenwart" nichts darstellen, was einem nicht schon bekannt gewesen wäre. Einzig die unterschiedliche, geradezu feuilletonistische Schreibweise der Autoren zeigen uns hier manch neue Facetten der SF auf.

Vom Teil, der sich mit der SF der 80er bis zur Gegenwart (was de facto das Herausgeberjahr 2004 darstellt, ungeachtet aller bearbeiteten Neuauflagen), hatte ich mir persönlich tiefere Einblicke in die internationale SF erhofft, waren doch diese Jahrzehnte der

Beginn des allmählichen Niedergangs der übersetzten SF in Deutschland, so wie er sich in den letzten Jahren manifestiert hat. Überraschend fand ich da *John Clutes* Einschätzung, dass auch die angelsächsische SF nach der visionären Hoch-Zeit der Sechziger und Siebziger zu kämpfen hatte, ausgelöst durch die Kannibalisierung der klassischen SF-Themen durch das Kino und der Mainstream Literatur (man denke da nur an "Jurrasic Park" oder "Star Wars"), wie auch durch die aufkommenden Computerspiele, die zwar SF im weitesten Sinne zu einem Hauptthema in den Medien gemacht hat, aber den harten Kern der SF-Enthusiasten nicht mehr bedienen kann.

Nachdenkenswert fand ich die These, dass durch die weite Verbreitung der SF die Qualität der SF-Ideen und ihrer Weiterentwicklung reduziert wurde. Die SF fange jetzt mit jeder Generation von Kinogängern wieder thematisch von vorne an. Das Aufbauen auf bereits "durchdeklinierte" Themen, um diese als Basis zur Fortentwicklung neuer Ideen zu nutzen: dies passiere so nicht mehr wie früher.

Wenn ich mir in diesem Zusammenhang Connie Willis preisgekrönte Zeitreiseromane anschaue, möchte ich instinktiv dieser Argumentation recht geben – Die Grundfragen und –Ideen des Zeit-Paradoxons wurden schon in den 30ern in den Pulps abschließend und teilweise viel besser abgehandelt. Aber natürlich – für das breite Publikum sind das alles (wieder) neue Ideen und können erneut beackert werden.

Der Erste Teil unseres Buches wird durch zwei weitere Essays beschlossen, die ein bisschen aus der gekünstelten Systematik herausfallen. *Mark Bould* schreibt über SF in Film und Fernsehen (was natürlich im Rahmen des zur Verfügung stehenden Platzes bestenfalls ein Abriss sein kann), und *Gary K. Wolfe* bedenkt die Herausgeber (die "Editors") der Bücher und Magazine mit einem zeitübergreifenden eigenen Artikel – sicherlich angemessen für das amerikanische (und auch britischem!) Milieu, in dem fast alle Großen über Kurzgeschichten oder Mehrteiler in den Magazinen bekannt geworden sind.

Nun, nach diesem soliden, doch auch sehr konventionellen ersten Teil, beginnt der Companion seinen Charme zu offenbaren. Im "Critical Approach", dem zweiten Hauptteil, sammeln sich kontroverse Artikel über Themen (nicht Subgenres!) innerhalb der SF: "Marxismus und SF", "Feminismus und SF", "Postmodernismus und SF" sowie ein Sammelsurium von Themen in "Queer Theory", was man wohl am besten mit "Seltsame Ideen" übersetzen könnte, und über spezielle Unterthemen in der SF spricht.(Homo-) Sexualität, Geschlechtsidentität etc. Dieser Artikel ist natürlich zu einem guten Teil unserem Freund *John Varley* gewidmet.

Man mag die Schlussfolgerungen und Ideen der Autoren dieser Artikel, die versuchen, ihr Thema anhand eines roten Fadens durch die SF-Geschichte zu verfolgen, nicht immer teilen, und auch nicht immer goutieren. Aber sie beleuchten unser aller Lieblingsliteratur mit interessanten und erfrischenden

Ansätzen, die ganz neue Facetten und Zusammenhänge offenbaren.

Ich war, das gebe ich zu, dann fast enttäuscht, als dieser Teil ausgelesen war, und mit dem dritten Teil wieder sehr Konventionelles und nicht einmal Vollständiges zu kommen schien. Ich verwende hier die Vergangenheitsform, weil ich mich, wie ich zu meiner Freude sagen darf, hier wirklich getäuscht habe.

Ja, im ersten Moment erscheint es einem, als ob hier versucht und nicht geliefert worden wäre. Denn der Ansatz, all die Sub-Genres der SF vollständig aufzulisten und abzugrenzen, kann ob ihrer Vielfalt bei begrenztem Platz eigentlich nur schiefgehen. Doch das ist gar nicht der Versuch, der hier gemacht wurde. Nein, jeder der folgenden Essayisten arbeitet sich an seinem Thema, in seinem eigenen Stil und seinen besonderen Schwerpunkten ab (die sich sogar an manchen Stellen überschneiden), ohne dass man überhaupt den Versuch einer Vollständigkeit machen würde.

Ist *Joan Slonczewskis* und *Michael Levys* Artikel über die Naturwissenschaften und die SF noch recht konventionell, so ist *Kathryn Kramers* Betrachtung (und Abgrenzung!) der Hard Science-Fiction lesenswert.

Interessant *Garry Westfahls* Betrachtungen der "Space Opera" und der tatsächlichen Schwierigkeiten einer allgemeingültigen Definition, dessen Gedankengang man durchaus folgen kann ("Ich erkenne eine Space Opera, wenn ich eine sehe!" – was die Sache trifft, aber natürlich keiner literaturkritischen Betrachtung genügt). *Andy Duncan* versieht uns mit einer Übersicht und Strukturierung über die Varianten der Romane zur "Alternativen Zukunft". Sehr interessant *Edward James* Aufsatz über "Utopias und Anti-Utopias". Sehr clever sein Ansatz, dass entgegen der allgemeinen Behauptung und Wahrnehmung das "Utopia" auch und gerade bei den eigentlich so kritischen und zynischen aktuellen Autoren eine große Rolle spielt – nur eben nicht mehr so platt und direkt beschrieben wie Thomas Morus Original, sondern als unausgesprochener Gegenentwurf zu den kritisierten Zuständen unsichtbar im Hintergrund schwebt. Die Entwicklung von der Dystopie zur indirekten Beschreibung der gesuchten Utopie.

Danach ein Quartett von Essays und Beschreibungen über "Politik in der SF", "Geschlechter in der SF", Rasse und Ethnizität in der SF", und natürlich auch "Religion und SF". Jeder mit eigenständiger Sichtweise versehen.

Nach Ende dieses Buches, das (und das sei positiv angemerkt) stellenweise wie ein unterhaltsamer Roman zu lesen ist, schwirrt einem der Kopf ob der mannigfaltigen Sicht- und Betrachtungsweisen. Viele der Ideen und Behauptungen der Autoren sind nicht neu – aber doch in einen Kontext von Romanen und Beispielen gestellt, die einem Lust auf die genannten Bücher machen (und von denen ich mir tatsächlich dann auch einige bestellt habe).

Es ist selten, dass ich mir während des Lesens eines Buches Stichwort notiere – hier habe ich es getan, um bei aller Lust am Weiterlesen nicht einiger origineller Gedanken verlustig zu gehen (und die Kommentarfunktion eines eBooks wirkt dabei natürlich besonders unterstützend!).

Hier ein paar der Thesen, skizziert, über die man lange und kontrovers diskutieren kann (und sollte!):

Cyber Punk hatte die (heutige) Realität der Internets in Wirklichkeit nur ansatzweise angedacht und durchdrungen und deren Lebensveränderungen im Alltag (Internet) nur sehr eingeschränkt und schlecht vorhergesagt.

Die amerikanische SF (und damit auch ein Großteil unserer übersetzten SF) handelt letztendlich von der Auseinandersetzung mit dem "amerikanischen Traum".

Vernor Vinge ist die große Gestalt der SF der Neunziger – danach folgt nur sehr wenig.

Die großen Talente der Siebziger haben in den Achzigern und Neunzigern nichts oder nur enttäuschendes geliefert, teilweise haben sie sich komplett von der SF abgewendet.

Die "Dritte Welt" SF existiert, ist aber bisher völlig vom Markt der SF ausgeschlossen.

Wie gesagt, durchaus diskutabel.

Der Stil des Buches ist, das sein angemerkt, angenehm britisch. Überzeugt in der Sache, aber entgegen dem Stil amerikanischer Pendants ohne deren Überschwänglichkeit, und durchaus auch selbstkritisch und reflektierend. Understatement, wo es sinnvoll ist, und damit viel näher der Deutschen Vorstellung eines Sachbuchs, ohne gleich die die deutsche Trockenheit mitnehmen zu müssen.

Ja, und dann blätterte ich noch in den Anhang: "Weitere Quellen". Und ich war sprachlos.
Weisen schon die Artikel selber mit ihren Fußnoten umfangreich auf zitierte Bücher oder Sekundärliteratur hin, so haben die Autoren fleißig auch die gedanklichen (unzitierten) Quellen ihrer Essays aufgelistet. Nach Artikel gegliedert habe ich in diesem unscheinbaren Anhang über 200 angegebene Quellen mit Sekundärliteratur gefunden. Artikel, Bücher, Nachschlagewerke. Auf diesen letzten Blättern verbirgt sich ein Schatz an Verweisen auf Veröffentlichungen, Arbeiten und Werken der letzten 30 Jahre über die SF, die in dieser Form ihres gleichen sucht. Alleine diese Sammlung ist den Kaufpreis des Buches wert, und sie unterstreicht, dass das werbeheischende "Cambridge" im Titel des "Companions to Science-Fiction" doch seine Berechtigung hat. Soviel Literaturwissenschaft würden wir uns auch hier in Deutschland wünschen.

Was bleibt, ist die Erkenntnis, dass man auf wenigen hundert Seiten Tiefschürfendes über die SF von sich geben kann, ohne gleich in amerikanische Aufgeregtheit oder deutsche Trockenheit zu verfallen. Der Cambridge Companion ist kein umfassendes Standardwerk im Sinne eines "Kindlers Literaturlexikon". Er ist eine strukturierte Artikelsammlung von Autoren, die ihr Thema kennen und es in angenehmer lesbarer Weise mit Esprit zu Papier zu bringen.

Man muss den "Cambridge Companion" nicht gelesen haben (denn die grundsätzliche Befähigung, ein englisches Buch flüssig durcharbeiten zu können, muss man als Nicht-Muttersprachler leider mitbringen) – doch wenn es einem vergönnt ist, dies tun zu können, wird man als bekennender Freund unserer aller so geliebten Literaturgattung mit diesem Werk sehr viel Freude haben!

Vielleicht der Hinweis an potentielle Herausgeber, dass sich hier eine Übersetzung wahrlich lohnen würde!

Und zum Abschluss meines Vortrags noch eine Anmerkung, die mir gefallen hat.

Im Teil über alternative Realitäten schreibt *Andy Duncan*, dass es *einen* genialen Film gibt, der mit Esprit, Witz und einem tiefen Verständnis über die ganz kleinen Veränderungen, die eine ganze Geschichtsverlauf ins Wanken bringen können, seine Handlung in unnachahmlicher Weise erzählt: "Lola rennt".

Schön, dass wir Deutschen aus dem Blickwinkel der britisch-amerikanischen SF immerhin auch einen (ganz kleinen) Beitrag leisten konnten.

Vielen Dank!
[Beifall]

So etwas gibt es auch: Ein Buch einer weltberühmten Autorin – und in Deutschland kennt man es nicht. Zeit, darüber einen Vortrag zu machen.

Leute, aus unserer SF-Vortragsreihe im Rahmen unserer abendlichen Treffen in der Asimov-Kellerbar hier ein Vortrag von Klaus Marion über ein gänzlich vergessenes Buch von James Tiptree jr.:

Das vergessene Buch

ein Vortrag von Klaus Marion

James Tiptree jr – welcher SF-Leser kennt diesen Namen nicht?

James Tiptree jr war Alice Sheldon, die jahrelang unter diesem Pseudonym Kurzgeschichten veröffentlichte, die in jeder Hinsicht bemerkenswert waren.

Für die, die die Geschichten damals in den Magazinen lasen (bzw. in Deutschland um ein paar Jahre versetzt als Taschenbücher kauften), war Tiptree jr. eine Offenbarung: Rasante Geschichten wie "Birth of a Salesman", (Geburt eines Handlungsreisenden, dtsch. 1976), mit einem Irrwitz und Tempo wie unter Speed (was es möglicherweise trifft – Sheldon war langjährig amphetaminabhängig), humorvolle SF aus ganz persönlichem Winkel in "Pupa Knows Best" (Hilfe!, dtsch. 1976), tragische Plots wie "Forever to a Hudson Bay Blanket" (Ein Leben für eine Decke der Hudson Bay Company, dtsch. 1975) oder "Love Is the Plan the Plan Is Death" (Liebe ist der Plan, der Plan ist Tod, dtsch.1981), und dann wieder Geschichten, die so locker mit Sex und amerikanischen Idealen umgingen wie das geniale "I'll Be Waiting for You

When the Swimming Pool Is Empty" (Wer rastet, der rostet, dtsch. 1976).

Vielen Lesern ist gar nicht bewusst, wie viele Meilensteine der SF-Short-Stories von dieser Autorin stammen:

"Beam Us Home" (Beam uns nachhaus, dtsch. 1976). "The Peacefulness of Vivyan" (Die Friedfertigkeit Vivyans, dtsch. 1976). "The Man Who Walked Home" (Der Mann, der sich auf den Heimweg machte, 1976). "The Man Doors Said Hello To" (Der Kerl, den die Türen grüßten, dtsch. 1975).

Die Liste ist lang (über 40 Short Stories aus ihrer Feder), und alle waren ungewöhnlich. Neben John Varley war Alice Sheldon die Autorin, die besonders aus den ausgetretenen Pfaden der menschlichen Kultur und des als selbstverständlichen und unveränderlich erachteten Seins ausbrachen.

Ihre Figuren hielten sich an keine Konvention von gesellschaftlicher, sexueller oder moralischer Norm. Nicht nur die Technik würde sich in der Zukunft ändern, auch der Mensch würde sich verändern.

Besonders faszinierend war dabei dieses Gefühl, dass selbst normale Menschen in ihren Geschichten irgendwie einen anderen und überraschenden Blickwinkel auf Situationen entwickelten – der aber einem immer als plausibel erschien.

Dass das Pseudonym jahrelang nicht gelüftet wurde, und die Überraschung dann besonders groß war, dass es sich um eine Frau handelte – es sagt viel aus über die Gesellschaft der Siebziger, die sich zwar revolutionär gab (auch und gerade in der SF), aber in ihren männlichen Vertretern sich nicht wirklich von einem männerzentrierten Blick emanzipiert hatte.

Was vielleicht noch überraschender, und für viele fast verstörender war (aber nie wirklich thematisiert wurde): Die Autorin war (damals) um die 60 Jahre alt. Alten Männern traute man manches zu. Aber Frauen im reifen Alter? Psychologin, frühere CIA-Mitarbeiter (noch aus dem 2. Weltkrieg her), verheiratet – alles ein Ausweis für einen Freigeistcharakter, der sich in keiner Schublade unterbringen lassen wollte und der einen tiefen Fußabdruck in der Geschichte der SF hinterließ.

Auch wenn Tiptree's Spezialität die Kurzgeschichte war: Sie schrieb auch Romane. Der erste war "Die Feuerschneise" (Wilhelm Heyne Verlag, München 1980). Ein Roman, der positive Kritiken fand und Motive aus ihren Kurzgeschichten verarbeitete.

Und sie schrieb ein zweites Buch „Brightness falls from the Air", ein 400 seitiges Taschenbuch, dass 1985 veröffentlicht wurde.

Nur scheint es hier in Deutschland keiner zu kennen. In Sekundärliteratur und Besprechungen ihres Werks in Deutschland hat es keinen rechten Eingang gefunden.

Es scheint das einzige Werk von James Tiptree jr zu sein, das seinen Weg nicht nach Deutschland fand. Warum?

Bevor ich mich dem Werk selber widme, möchte ich noch einen Einschub machen, der bei der Besprechung des Werks und seiner Beurteilung eine Rolle spielen muss. Wir blicken zwei Jahre weiter:

In den Achtzigern hatte Alice Sheldon mit immer mehr gesundheitlichen Problemen zu kämpfen, sie hatte Herzanfälle und litt an Depressionen. Ihr 13 Jahre älterer Ehemann erlitt mehrere Schlaganfälle und erblindete langsam. Am 19. Mai 1987, im Alter von 71 Jahren, erschoss Alice Sheldon ihren bettlägerigen 84-jährigen Ehemann und richtete danach das Gewehr auf sich selber. Ihr Abschiedsbrief, in dem sie den Freitod der beiden mit ihrer beider Alter und ihrem Verfall erklärte, war nach Auskunft ihrer Verlegers wohl schon Jahre vorher geschrieben, und von ihr für diesen Moment wieder hervorgezogen worden.

Wir dürfen also annehmen, dass zum Zeitpunkt ihres zweiten Romans dieser Abschiedsbrief schon geschrieben war.

„Brightness Falls from the Air" ist ein sehr strukturiertes Buch. Die Rahmenhandlung ist die letzte Schockwelle von Partikeln eines durch Menschen im Verlaufe eines Krieges ungewollt zerstörten Sonnensystems am Rande der Galaxis, die Jahrzehnte nach der Detonation der zerstörerischen Waffen ihren Durchgang durch ein benachbartes Sonnensystem und den Planeten Damiem hat.

Die Bewohner dieses Planeten sind insektoide Lebewesen, deren Planet und deren Rasse durch galaktische Zentralregierung unter besonderem Schutz stehen.

Am einzigen Raumhafen sind drei Mitarbeiter des galaktischen Dienstes stationiert, die als Forscher,

Beschützer und gleichzeitig als Hotelbetreiber für den selten besuchten Raumhafen agieren.

Die Dameii, die lokale, intelligente Insektenrasse, war Jahre vorher, in den Wirren des Krieges, das Opfer skrupelloser Geschäftemacher, die erkannt hatten, dass deren wohlriechendes Rückensekret unter dem Einfluss von Schmerz, Agonie und Angst eine chemische Veränderung erfährt, die es für Menschen zu einer unwiderstehlichen Droge macht.

Und so wurden Hunderttausende der Bewohner des Planeten während des Krieges von den „Piraten" langsam und grausam zu Tode gefoltert, um diese unbezahlbare Substanz in besonderer Reinheit zu gewinnen.

Der Schutz und Einsatz der galaktischen Regierung ist der Versuch, dieses von Menschen begangene Unrecht dadurch zu mildern, dass man dafür sorgte, dass es nie wieder geschehen könne.

Corrison Estreel-Korso (Cory genannt) ist die Administratorin des Planeten, Kipruget Korso-Estreel (Kip) ihr Stellvertreter. Beide sind seit Jahren ein Paar, wobei ihre Vergangenheit für den Leser zunächst nicht ganz greifbar ist.

Die Handlung spielt in den 20 Stunden vor dem Erreichen der Partikelwelle, und ist kapitelweise wie in einem Countdown auf diesen Zeitpunkt eingeteilt. Der Leser erlebt dabei die Handlung wie in Echtzeit. Im Anschluss folgen noch mehrere Kapitel, die die folgenden 3 Tage beleuchten.

Beginn der Geschichte ist die Landung eines Passagierschiffes, dass neben einigen angemeldeten Besuchern, die die optischen und energetischen Effekte der Partikelwelle auf dem Planeten beobachten wollen, eine Reihe von Besuchern aus den unterschiedlichsten Welten auslädt, die eigentlich ganz andere Zielplaneten hatten, aber jetzt erst einmal auf dem Planeten für einige Tage bleiben müssen. Da gibt es einen neunjährigen Thronfolger eines Sonnensystems, eine Frau, die ihre katatonische Schwester auf den Planeten bringt, weil sie hofft, sie aus ihrer Verschlossenheit zu befreien, ein seltsamer Aquaplanetenbewohner und noch viele mehr.

Besondere Gäste sind eine kleine Gruppe von Kindern/Jugendlichen, die mit ihrem Filmproduzenten auf diesen Planeten gekommen sind, um dort einen weiteren Pornofilm zu drehen.

Nachdem die Handlung viel über diese Besucher erzählt, wird dem Leser schnell klar, dass hier wie in einem Krimi von Agatha Christie sich einige der Personen als nicht das herausstellen werden, was sie zu sein scheinen.

Die Handlung kulminiert in verschiedenen Ereignissen, die viele der Hauptpersonen sterben lassen. Auch Kips Partnerin, Cory, stirbt einen langsamen Tod. Die letzten Kapitel lösen viele der aufgeworfenen Fragen und führen sie einer Lösung zu.

Ungewöhnlich ist schon der Stil dieses Buch. Die Langsamkeit der Handlung und die Zeit für die Entwicklung der Figuren sind ganz untypisch zum dem oft so rasanten Aufbau ihrer Kurzgeschichten.

Interessant auch die Sprache, die durch die Verwendung vieler im Vergleich zu heute anders geschriebener Worte (minim statt minute) darauf hindeutet, dass diese Menschheit sehr weit in der Zukunft die Galaxis bevölkert. Überhaupt erklären alle Personen ständig untereinander, wie sich ihre Handlungen oder Verhaltensweisen einordnen lassen – eine Menschheit, die gelernt hat, ganz selbstverständlich mit fremden Kulturen und eventuellen kulturellen Missverständnissen umzugehen.

Die Handlungsstränge nehmen breiten Bezug auf die beiden von Menschen begangenen Verbrechen, (die Folterung der Dameii wie auch die Zerstörung eines ganzen, unschuldigen Sonnensystems). In wie weit eine ferne Zukunft glaubhaft ist, bei der die Synthetisierung von so begehrenswerter Substanzen nicht möglich sein soll, erscheint einem heutzutage im Lichte aller Fortschritte in diesem Bereich doch eher unglaubwürdig.

Alle Personen unterliegen in der Handlung einer gewissen Behäbigkeit, die fast an höfisches Gebaren erinnert – auch dieses Stilmittel scheint jedoch ganz bewusst eingesetzt worden zu sein.

Dass auch die revolutionären Ideen und Visionen von Autoren wie Tiptree einem Alterungsprozess unterliegen, macht jedoch der Handlungsstrang der minderjährigen (legalen) Gruppe von Pornodarstellern und ihrem durchaus sympathisch beschriebenen Produzenten und Chef deutlich. Ich weiß nicht, ob Mitte der Achziger Jahre die Vorstellung und Beschreibung einer Welt, in der Pornografie eine ganz normale Fernsehunterhaltung darstellt, noch etwas schockierendes oder revolutionäres anhaftete. Heutzutage, in Zeiten von grenzenlosem Internet, macht dieser Teil der Handlung (in dem nichts beschrieben, sondern bestenfalls umschrieben wird), einen geradezu archaischen Eindruck. Hier ist die Zeit über die Autorin und ihr Thema hinweggeschritten.

Doch inmitten all dieser Handlungsfäden findet sich etwas, das einen retrospektiv innehalten lässt. Denn das erstaunlich in die Länge gezogene Ende handelt in der Hauptsache von Corys Tod. Und dieser Tod wird durch die Waffe eines der Außerirdischen ausgelöst (wobei die Verwendung einer solchen Waffe ja nun aufgrund ihrer Langsamkeit gar keinen rechten Sinn macht). Der Tod besteht in einem gerafften Alterungsprozess, der sie innerhalb zwei Tage dahinwelken und schließlich sterben lässt. Er beschreibt ihre Verzweiflung, ja fast Selbstekel von ihrem Körper, und der Unfähigkeit ihres Partners Kip, der nicht weiß, wie er mit ihr im Körper ihres gealterten Selbst zurechtkommen soll. Sie stirbt, ohne dass diese Sprachlosigkeit am Schluss aufgelöst worden wäre.

Es bedarf hier nicht viel Phantasie, um mit dem Wissen über ihren Selbstmord zwei Jahre später in diesen Sätzen ihre persönliche Verzweiflung über sich, ihren Mann und ihren eigenen körperlichen Verfall herauszulesen.

Vielleicht ist dieses Wissen auch der Grund, warum dieser Roman nie ins Deutsche übersetzt wurde. Im amerikanischen ist er nach wie vor erhältlich, als preisgünstiges kindle-eBook ist er ebenfalls zu bekommen. Natürlich wurden Alice Sheldons fiktionale Welten Mitte der achtziger bereits durch den Cyberpunk abgelöst, wo neue virtuelle Welten sich mit einer neuen Gesellschaftskultur trafen.

Doch vielleicht ist „Brightness Falls from the Air" mit dem Wissen um Alice Sheldons Ende einfach nicht mehr so unbeschwert zu lesen.

Trotzdem möchte ich jedem, der das Buch in Englisch lesen will, den Roman wärmstens ans Herz legen. Er gehört untrennbar zum Werk Alice Sheldons dazu.

„Alles, was sie sahen, war dieser verrottete Körper. Sie sahen nicht, dass ich mich in ihm befand, wie ein Vogel in einem alten Baum. Wenn der Baum verging, würde ich einfach dahingehen. Vielleicht, wenn er einfach zerbröseln würde, könnte ich dann nicht einfach wegfliegen? Frei sein?"

Cory in „Brightness falls from the Air"

Klaus Marion 2012

*** Und noch ein Nachtrag: ***

Der Septime-Verlag hat mir auf Anfrage mitgeteilt, dass er die Rechte an diesem Buch besitzt und eine Veröffentlichung in Deutsch für die Zukunft geplant ist

Mit dem nachfolgenden Vortrag in der Asimov-Kellerbar hat es seine besondere Bewandtnis.

Vor einiger Zeit kaufte ich mir den 2004 bei Penguin-Group erschienen "The John Varley Reader – Thirty Years of Science-Fiction". (Aktuell ist das mit dem Locus-Award ausgezeichnete Werk als 550-seitiges Taschenbuch bei Ace Trade erhältlich)

Anlässlich des 30-jährigen Jubiläums seiner ersten Veröffentlichung enthält es viele von John Varleys großen Werken, wie sein klassisches "Picnic on Nearside", "Gotta Sing, Gotta Dance", oder das preisgekrönte "Persistence of Vision".

Was diesen Band aber so besonders macht, sind die Einleitungen von John Varley zu jeder der 18 Geschichten, in denen er auch seine jeweilige Lebenssituation und seine Entwicklung zum gefeierten SF-Autor beleuchtet. Geschichten voller Erinnerungen und Anekdoten.

*Wahrscheinlich wird das Buch **nicht** in Deutschland erscheinen – zu umfangreich, zu teuer (in der Übersetzung), sowie eine zu kleine zu erwartende Verkaufsauflage, da vieles schon einmal veröffentlicht wurde.*

Sehr, sehr schade.

Eines dieser Vorworte (das zu "In the Hall of the Martian Kings") hat es mir besonders angetan. Varley beschreibt darin den Besuch seines ersten großen Cons, dem Westercon in Oakland, California. Er hatte gerade seine allerersten Geschichten veröffentlicht, und er erzählt in seinem Vorwort, wie es ihm auf diesem Con ergangen ist.

Eine wunderbare Geschichte – Wäre das nichts für einen Vortrag in der Asimov-Kellerbar?

Ich nahm Kontakt mit John Varley auf. Ich erklärte ihm die virtuelle Existenz der Asimov-Kellerbar, die Existenz der entsprechenden Facebook-Gruppe, und die Idee der "Vorträge in der Asimov-Kellerbar".

John fand das toll. Die Idee der Asimov-Kellerbar schien ihm zu gefallen, und er war angetan von der Tatsache, dass ich ihn darum fragte – diese wäre heutzutage, Urheberrecht hin oder her, nicht mehr selbstverständlich. In diesem Rahmen wäre das in Ordnung.

Also übersetzte ich den Abschnitt und versah ihn mit einer Einleitung – fertig war der Vortrag.

Und natürlich wollte ich dies gerne auch hier in diesem Buch wiedergeben.

Nun, ich habe noch einmal mit John gesprochen – er ist einverstanden, und der Abdruck an dieser Stelle geht in Ordnung!

Vortrag in der Asimov-Kellerbar,
am 9.10.2012 um 20 Uhr
Kurzes Vorwort von Klaus Marion

Vortrag von John Varley

John Varley gehört zu den ganz Großen der Science-Fiction.
1947 in Austin, Texas geboren, war seine Hoch-Zeit als Autor der späten Sechziger und frühen Siebziger.
Nach all den Jahren der Hard-SF, der Asimovs, Clarkes und Nivens, war er einer der Vertreter der neuen Ära, die nicht die Technik zur Variablen machte, sondern den Menschen selbst. Schimmerte schon in den Heinlein-Geschichten die Idee einer veränderten Gesellschaft wieder, mit freier Liebe und anderen Formen des Zusammenlebens, so stellte Varley alles in Frage, was den Menschen nach der damaligen Überzeugung ausmachte.
Geschlechterrollen, neue Forme des Zusammenlebens, sexuelle Identität, biologische und chirurgische Anpassung bis zum häufigen Geschlechtswechsel – Varley war ein Kind des Flower Power, der die Ideen der Hippie-Zeit konsequent in die Zukunft dachte.
Seine Romane und Kurzgeschichten sind legendär und preisgekrönt: "Der heiße Draht von Ophiuchi", „In the Hall oft he Martian Kings", die flott ge-

schriebene Fantasy/SF-Trilogie um Gäa, das anrührende „Tango Charlie und Foxtrott Romeo", nur um sich einige herauszugreifen.
Doch besonders tief gingen seine Kurzgeschichten: das geniale „Gotta Sing, Gotta Dance", um Musik, Symbiose, Expression und Sexualität in der Schwerelosigkeit.
Und natürlich das preisgekrönte „Die Trägheit des Auges".
Selbst für Freunde des Krimis war etwas dabei: Seine Kurzgeschichten um Anna Louise Bach, einer Polizistin in „New Dresden" auf Luna, waren ein interessanter Crossover zwischen gut gemachter SF und Krimielementen (und, lieber John, ein schauerliches Bespiel dafür, wie Autoren mit ein bisschen eingeworfenem „Küchendeutsch" versuchen, eine „deutsche" Atmosphäre zu schaffen. „Deutscher originale Gasthaus" ist da noch ein harmloses Beispiel…).

Doch genug geredet:
John Varley erzählt uns hier über seine Anfangszeit als Autor. Einige Kurzgeschichten und Novelettes waren bereits erschienen (auch die im letzten Vortrag von mir behandelte Short-Story „Picknick on Nearside"). Doch Varley war zu diesem Zeitpunkt noch weit davon entfernt, ein berühmter SF-Autor zu sein. Zumindest fühlte er sich nicht so.
Lassen wir ihn also selbst erzählen:
(Beifall)

Im folgenden Jahr verkaufte ich über ein halbes Dutzend Stories. Nicht genug, um mich und meine Familie zu ernähren, aber genug, um das Leben etwas einfacher zu gestalten. Aber es wurde immer klarer, dass es unwahrscheinlich war, dass ich jemals meinen Lebensunterhalt mit dem Verkauf von Kurzgeschichten würde bestreiten können.

Ich arbeitete schnell, in diesen Tagen, aber ich schaffte es nie, in jedem beliebigen Monat mehr als zwei Geschichten zu produzieren. Und normalerweise war es auch nur eine. Selbst wenn ich alle verkaufen könnte, wäre es nicht genug. Meine Gedanken begannen um einen Roman zu kreisen.

Gerade erwachsen geworden, wurde mir bewusst, dass es etwas namens "Fandom" gab, aber ich kam nie auf die Idee, ich könnte ein Teil davon sein. Es war mir klar, dass es außerhalb der festgetrampelten Pfade von Nederland, Texas auch andere Plätze gab. Aber wenn man in Nederland aufwächst, ist das schwer vorzustellen.

Wir hatten ein gutes Football-Team, das mehrmals im AAA Finale des Staates stand. Wir hatten eine großartige Kapelle, eine der besten im Staat, welche bei den Amtseinführungsfeierlichkeiten von John F. Kennedy an der Parade teilgenommen hatte. In ihr spielte ich zu verschiedenen Zeiten Trompete, Französisch Horn und Baritonhorn.

Aber akademisch betrachtet waren wir nur Mittelfeld. Die einzigen anderen Dinge, womit Nederland angeben konnte, eingeklemmt zwischen Beaumont und Port Arthur, waren die Moskitos von der Größe einer P-51, fünf riesige Raffinerien in riechbarem Abstand und der fast jährliche Hurrikane.

Ich war kein kompletter Hinterwäldler. Ich war schon in Dallas und in New Orleans gewesen, und ich wusste, dass das ein Leben für mich sein könnte.

Als ich meinen Führerschein hatte (In Texas kannst du ihn schon mit 14 bekommen), nutzte ich jede Gelegenheit, meinem Vater die Autoschlüssel für den großen Mercury abzuschwatzen und die U.S. 90 nach Houston zu nehmen, neunzig Meilen entfernt. Und dabei zu schauen, ob die Tachonadel wirklich bei 120 Meilen pro Stunde hängen bleiben würde.

Sie tat es jedes Mal, und auch beim Pontiac später (Tut mir leid, Dad)...

Einfach nur, um die großen Gebäude zu bestaunen. Eines war 40 Stockwerke hoch!

Aber soweit ich wusste, war im Umkreis von Tausend Meilen nie ein großer SF Con veranstaltet worden.

Solche Sachen passierten in New York, Los Angeles, Philadelphia, Denver.

Shangri-La, Neverland, El Dorado.

Dann wurde mir bewusst, dass etwas namens "Westercon" in Oakland, Kalifornien veranstaltet würde. Zu diesem Zeitpunkt lebte ich in Eugene, Oregon und fuhr die Sorte von Auto, die die Straßenverkehrsbehörde damals gerne von den Straßen fern hielt. Ich hatte nicht viel Vertrauen, dass die Kiste es weit über Mount Shasta hinaus schaffen würde, und davon abgesehen, meine Frau und meine Kinder konnten nicht mitkommen, und sie würden das Auto brauchen.

Damals kannte ich ein paar SF-Fans, inklusive einem Paar, das regelmäßig den Westercon besuchte. Wir starteten Richtung I-5 in einem Auto, das keinen Deut besser war als mein eigenes - ich erinnere mich, dass wir an Steigungen manchmal bis auf 20 Meilen pro Stunde runter gingen - doch mit einem freundlichen Lächeln der Götter des Highways schafften wir es tatsächlich.

Ich hatte nicht genügend Geld um die Veranstaltung zu besuchen UND etwas zu essen. So schlich ich um den großen, lauten Platz herum und kannte niemanden. Aber ich hatte eine Kurzgeschichte an David Gerrold für eine Anthologie verkauft, die er zusammengestellt hatte, und ich sah, dass er an einem Panel (so etwas wie eine Podiumsdiskussion) teilnahm. Ich schlich mich herein, wartete im Hintergrund, bis es vorbei war, und erwischte ihn auf dem Weg zur nächsten Veranstaltung, die auf dem Programm eines geschäftigen professionellen Schreibers stand, der "The Trouble with the Tribbles" geschrieben hatte, die populärste Enterprise-Folge aller Zeiten.

David war auf den ersten Blick genauso freundlich, wie die meisten Professionellen den Fans gegenüber sind, aber nachdem ich mich ihm vorstellte, erlebte ich etwas, womit ich nicht gerechnet hatte: Sofortige Akzeptanz. Davids Enthusiasmus, mich zu treffen war kein Zufall, bloß weil David einfach ein netter Kerl war. All die Autoren, denen ich in diesen Tagen noch begegnen sollte, waren genauso freundschaftlich und genauso kollegial.

Anscheinend genügte in der Welt der Science-Fiktion-Schreiber ein einziger Verkauf, um dazuzugehören. Ich stand ehrfürchtig vor einigen der Leute, denen ich damals begegnete (ich versuchte, es nicht zu krass zu zeigen), aber ich verspürte nicht ein einziges Mal auch nur einen Anflug von Herablassung.

David beförderte mich umgehend nach Walhalla, oder wie er es nannte, die "SWFA Suite". Ich war viel zu verlegen um zuzugeben, dass ich keine Ahnung hatte, wofür SFWA eigentlich stand. Erst später erfuhr ich, dass es die „Science Fiction Writer of America" waren. Die Pros. Und ich war dort willkommen! Dabei war ich nicht einmal Mitglied.

Hal Clement war da. John Brunner. Charles Brown, der Herausgeber von "Locus", dem Nachrichtenmagazine für SF. Larry Niven und Jerry Pournelle waren dort. (Larry NIVEN!) Ich sprach eine Weile mit ihm. Es ist schwierig für mich, mir wieder in Erinnerung zu rufen, wer alles in dem Raum war, wo doch so viele von Ihnen später meine Freunde wurden, und ich war immer noch geblendet von der Idee, sie als Kollegen zu betrachten.

Kollegen!

Irgendjemand, wahrscheinlich David, deichselte eine Mitgliedschaft für mich, und ich konnte endlich aufhören, mich wie ein Fremder auf der Suche nach "La miagra" zu fühlen. Man brachte mich zu einer Podiumsdiskussion über das Thema, wie man als Autor „Ins Geschäft kommt".

Und bald darauf hatte ich ein Abendessen mit Donald Besson aus New York, der an der Gründung und Herausgabe einer neuen Reihe namens "Quantum SF" beteiligt war. Er fragte mich, ob ich daran gedacht hätte, einen Roman zu schreiben, und worüber er wohl handeln könnte. Ich schüttelte eine Idee aus dem Ärmel, und bald hatte ich die Konturen von "The Ophiuchi Hotline " skizziert, etwas, worüber ich in einer früheren Story geschrieben hatte.

Nicht viel später kam ich mit Jim Frenzel in Kontakt, derjenige, der mich später auf dem Weg zum Druck meines ersten Buches begleitete.

Jeden Abend stahl ich mich weg und wanderte zu meinem fast eine Meile entfernten, flohverseuchten Hotel, in dem ich übernachtete, weil ich mir nicht mal eine einzige Nacht im Con Hotel leisten konnte, und ich fragte mich wirklich, ob ich das nicht alles träumen würde.

Dann ging ich wieder zurück nach Eugene und schrieb meinen Roman.

(allgemeiner Beifall und Hochrufe).

Der vorstehende Text stammt aus dem Vorwort zur Kurzgeschichte „In the Hall of he Martian King" aus „The Joan Varley Reader – 30 Year of Science-Fiction" (Ace Trade,

ISBN 978-0441011957, erhältlich bei Amazon für 26,99 oder als kindle Edition für 18,50 Euro).

Übersetzung: Klaus Marion.
Alle Rechte des Originals liegen und verbleiben beim Autor, die Rechte der Übersetzung liegen bei Klaus Marion.

Die Personen

Was wäre die Asimov-Kellerbar ohne ihr Stammpersonal? Auch wenn die Bar schon lange existiert – ein schöner Anker im Fluss der Zeit ist ihre doch so lange Reihe von Stammgästen.

Nicht jeder ihrer Besucher ist eine reine Fantasiegestalt, bei manchen mischen sich Realität und Fiktion auf eine unentwirrbare Art und Weise.

Werfen wir doch hier einen Blick auf einige der regelmäßigen Gestalten der Bar...

Rudolf "Rudi" Gerstner

Die Asimov-Kellerbar ist eine einmalige Institution in der deutschen Science-Fiction Szene. Als einzige Fan- und Literatur-Kneipe und Bar versammelt sie regelmäßig die wichtigsten Personen und Gestalten des Deutschen Science-Fiction-Fandoms in ihren Mauern.

Eröffnet wurde Sie im Jahr 1988, und ihre wechselvolle Geschichte ist eng verknüpft mit der legendären Gestalt von Rudolf „Rudi" Gerstner, einem Urgestein der deutschen Science-Fiction. Fans, Autoren und einfache Alkoholiker versammeln sich regelmäßig in seiner Bar, um über ihr Hobby zu diskutieren und ordentlich zu bechern.

Über das Leben von Rudi Gerstner ist nur wenig bekannt. Wie aus gut unterrichteten Kreisen verlautet, gibt es im Bereich der Deutschen Science-Fiction-Szene schon Ende der siebziger Jahre erste Erwähnungen in veröffentlichten Fanzines. Geburtsort und Schulbesuch sind jedoch unklar, sofern man seine auf Fragen von Gästen geäußerten Antworten wie "Deneb IV" oder "Beteigeuze 2" nicht weiter ernst nehmen will.

Bevor der wohl im Grenzgebiet von Rheinland und Rheinhessen geborene Gerstner mit einer mutigen Investitionsentscheidung die Asimov-Kellerbar aus der Taufe hob, war er aber für seine ungezählten Versuche bekannt, mit Hilfe von innovativen Geschäftsideen ein Vermögen unter gleichzeitiger Freizeitoptimierung zu erwerben. Diese im Laufe der Jahre vom Satiriker Klaus MARION in verschiedenen Nicht-SF-Geschichten festgehaltenen und veröffentlichten Versuche waren gleichermaßen legendär wie erfolglos.

Ein nicht unerheblichen Anteil am Erfolg der Asimov-Kellerbar haben die von Gerstner entwickelten SF-Drinks gehabt, deren phantasievolle Namen nicht verdecken können, dass es sich dabei um sehr wohlschmeckende und hochprozentige Kreationen handelt.

Über das Privatleben von Rudolf Gerstner ist trotz seiner für einen Barkeeper wichtigen Fähigkeit, gut zuzuhören und auch Ratschläge geben zu können, nur wenig in Erfahrung zu bringen. Familienstand, Orientierung und Freizeitverhalten des Wirts liegen völlig im Dunkeln, trotz mancher interessierter Diskussionen und Vermutungen der langjährigen Gäste.

Frank Aussenstein

Frank Außenstein gilt als das Enfant-Terrible der deutschen Science-Fiction-Szene und wird als gefeierter Nachwuchsautor gehandelt.

Schon seine Werkfragmente "Angriff der Schleimwürmer auf Wurguzz 3" sowie das monumentale "Molluskenalarm auf Hesparos V" versprachen nach Ansicht vieler Beobachter zukünftige epochale Werke aus seiner Feder.

Frank Ausenstein arbeitet seit Jahren an verschiedenen Romanerstlingswerken, die aus nicht näher bekannten Gründen aber noch keinen Verleger gefunden haben.

Aussenstein gilt in seinem Schaffen als Vertreter der "Schwabinger Schule". Er bevorzugt die Öffentlichkeit der Asimov-Kellerbar für seine Arbeit, um damit den Romanen eine realistische Atmosphäre geben zu können. Seit Jahren geradezu eine Berühmtheit, hat er es früh zu einem Stammplatz in der Kellerbar gebracht. Dort kann man die gebrauchte Olympiaschreibmaschine bewundern, auf der Außenstein alle seine Romane schreibt. Vor einigen Jahren soll er zeitweise auf einen von einem mitleidigen Gast gespendeten Computer umgestiegen sein. Da aber das ausleeren von ganzen Biergläsern in die Schreibmaschine zu einem gern geübten und geradezu folkloristischen Sport in der Kellerbar geworden war, kam es nach dem Wechsel zu einem bedauerlichen Versagen des computerisierten Schreibgerätes, worauf Aussenstein wieder auf seine gewohnte mechanische Maschine umgestiegen ist.

Regelmäßige Vorlesungen des hoffnungsvollen Jungautors in der Asimov-Kellerbar sind allgemein gefürchtet, weiten sich aber durch großzügigen Alkoholausschank seitens des Wirts zu geradezu legendären Stimmungsklassikern aus.

Christian "Krischan" Holl

Der bekannte SF-Künstler Christian Holl, heute Christian Seipp, ist unter dem Namen "Krischan" im deutschen Science-Fiction Fandom bekannt und beliebt. Seine getuschten Schwarz-Weiß-Grafiken sind für Kenner sofort zu erkennen, und schon in der Frühzeit der Kellerbar war er ein gern gesehener abendlicher Gast.

Bei einer damals mit dem Wirt Rudi Gerstner geschlossenen Wette wurde als Einsatz die Bemalung der großen Rückwand des Kellers mit einem lebendgroßen Drachen vereinbart – bei freien Getränken während der Arbeit.

Worum es im Detail bei dieser Wette gegangen sein soll, ist nicht überliefert. Bekannt ist jedoch der Ausgang, denn seit vielen Jahren bemalt Krischan jetzt schon die Rückwand des Lokals. Nur wenige der regelmäßigen Besucher der Kellerbar können sich überhaupt an eine Zeit erinnern, an der nicht schon der Künstler abends mit Farbe und Pinsel seiner Arbeit nachging. Merkwürdiger Weise und zum leichten Verdruss des Wirts kamen die Arbeiten bisher noch nicht zu einem Abschluss. Obwohl schon einige Male eine Vollendung des Werkes greifbar schien, wurde in solchen Fällen das schon entstandene Kunstwerk von Krischan durch Aufbringen einer neuen Grundierung erneut verworfen. Dabei kam es auch zu verschiedensten Wechseln der Maltechnik, die schon von Acryl über Öl und Frescotechnik variierte. Gleich blieb über die Jahre jedoch der stetige

Strom der bestellten Gratisgetränke, die Krischan während seiner künstlerischen Arbeit serviert wurden.

Auch wenn das Publikum der Kellerbar immer für einen netten Scherz auf Kosten anderer zu haben ist, gilt der Flugdrachen dabei als Tabu. Im Laufe der Jahre kam es nicht ein einziges Mal zu einer verunstaltenden Bekritzelung der Rückwand.

Klaus N. Frick

Der Chefredakteur der weltbekannten Perry-Rhodan-Heftserie gehört ausweislich der schriftlich vorliegenden Protokolle zu den regelmäßigen Gästen der Asimov-Kellerbar.

Trotz der bekannten Abneigung mancher Science-Fiction-Fans gegenüber dem professionellen Literaturbetrieb im allgemeinen wie auch gegenüber der Perry Rhodan Heftserie im Besonderen, ist das Verhältnis zu diesem Vollblut-SF-Fan ungetrübt.

Natürlich finden sich manchmal die Autogrammkarten seiner Romanautoren auf der großen Dartscheibe als Sonderziele wieder, und eingedenk seines Facebook-Logos muss er sich regelmäßig mit einem im Chor gerufenen "Kein Raumhelm an der Bar!" abfinden, doch das ficht ihn als Gemütsmenschen nicht an.

Frick verkörpert den Grundtypus des engagierten Science-Fiction-Fans-Fans, der sein Hobby zum Beruf gemacht hat. Das die Realität des Literaturbetriebs auch in der Science-Fiction nicht anders ist als in der Schriftstellerei im Allgemeinen, wo nicht nur die reine literarische Lehre zählt, sondern ganz profan das verkaufte Heft und Buch sowie der Autorenscheck am Ende des Monats, gehört zu dem Spagat eines jeden literarisch engagierten Chefredakteurs.

Umso schöner, dass Klaus N. Frick immer mal auf ein Bierchen in der Bar vorbeischaut.

Frick schrieb auch das Nachwort zum ersten Band des Taschenbuchs "Geschichten aus der Asimov-Kellerbar".

Joachim "Jo" Henke

Der 1963 geborene und so 2011 plötzlich und überraschend verstorbene Science-Fiction- und Fantasy-Fan Joachim Henke war von Anbeginn der Asimov-Kellerbar ein gern gesehener Gast. Als Jugendfreund war er für mich die Blaupause des mit den Tücken des Fandoms und der Menschen kämpfenden SF-Fans, der trotz aller Widrigkeiten sein Herz für diese Literaturgattung und die Fans bewahrte.

Seine Auftritte in meinen Satiren erfolgten regelmäßig (siehe "Fantasy" in "Geschichten aus der Asimov-Kellerbar"), wobei die frühen Satiren ihn schon in einem sehr überzeichneten Licht darstellten…

Erstaunlich ist, dass in den Anfangszeiten meiner Satiren Kneipenwirt Rudi Gerstner und Joachim Henke eine seltsame Ähnlichkeit zu haben schienen – eine Kongruenz, die erst in späteren Jahren deutlicher getrennt wurde.

So gesehen, ist Rudi Gerstner durchaus (in manchen Aspekten) sein Zwilling im Geiste: Ein Gedanke, der mir persönlich sehr gefällt.

Der Kellerbar-Song

Die Feuerschnecken

Die Asimov-Kellerbar hat sogar ihre eigene Band. Nun, zumindest am Mischpult trafen sich im Sommer 2013 die beiden Science-Fiction-Fans *Johannes Unnewehr* und *Joachim Stahl* als "Die Feuerschnecken", um mit textuellem Gehirnschmalz, Musikinstrument und Publikum einen gefeierten Auftritt in der Asimov-Kellerbar hinzulegen.

Das Ergebnis ist als Tondokument auf Youtube zu bewundern:

http://www.youtube.com/watch?v=_03EQFSVbB4

Einst war ich ein SF-Fan
und gründete einen Club.
Wir gaben auch ein Fanzine 'raus,
natürlich im Eigendruck.
Doch heute ist das lange her,
nun habe ich eine Wampe
Man trifft sich in Asimovs Kellerbar,
genannt "Rudis Reste-Rampe".

Refrain:
Sie kämpfen gegen Feuerschnecken
und Vurguzz Jahr für Jahr
SF-Fans gehen Gafia
oder in Asimovs Kellerbar
Sie kämpfen gegen Feuerschnecken
und Vurguzz Jahr für Jahr
SF-Fans gehen Gafia
oder in Asimovs Kellerbar

Es sitzt dort der Frank Außenstein
vor einem leeren Blatt,
auf dass der junge Fan Autor
noch nichts geschrieben hat
Andere in der Kellerbar
haben mehr Überblick
Wie Erik mit Saphir im Stahl
und auch der Klaus N. Frick

Refrain:
Sie kämpfen gegen Feuerschnecken
Und Vurguzz Jahr für Jahr
SF-Fans gehen Gafia
oder in Asimovs Kellerbar
Sie kämpfen gegen Feuerschnecken
und Vurguzz Jahr für Jahr
SF-Fans gehen Gafia

oder in Asimovs Kellerbar

Man trifft dort auch Klaus Marion
und den Krisch Holl,
der an die hintere Kellerwand
'nen Flugdrachen malen soll
Nun gebt mir noch einen Ringwelt-Fizz
und einen Wega-Flip,
hab ich dann noch 3 Bier im Tee,
ist die Resterampe Hip!

Refrain:
Sie kämpfen gegen Feuerschnecken
Und Vurguzz Jahr für Jahr
SF-Fans gehen Gafia
oder in Asimovs Kellerbar
Sie kämpfen gegen Feuerschnecken
und Vurguzz Jahr für Jahr
SF-Fans gehen Gafia
oder in Asimovs Kellerbar

Die Asimov-Kellerbar im Internet

Internet und soziale Medien machen es möglich, dass sich die 'Asimov-Kellerbar' aus der reinen literarischen Verbreitung gelöst hat. Dem Interessenten der Asimov-Kellerbar seien nachfolgende Quellen im Internet genannt. Insbesondere die Facebook-Gruppe darf als lebendige Zweigstelle der Bar im Internet angesehen werden!

Die Webseite
Aktuelle Informationen rund um die Bar sowie das aktuelle Programm finden sich unter
http://www.asimov-kellerbar.de
Hier kann sich der interessierte Fan über Aktuelles informieren.

Die Facebook-Gruppe
Die Kellerbar lebt! Unter **Asimov-Keller-Bar** findet der interessierte Science-Fiction-Fan auf Facebook eine Außenstelle dieser Institution. Hier versammeln sich regelmäßig Gäste und Freunde, um über ernste und weniger ernste Themen zu diskutieren. Auch die Vorträge der Asimov-Kellerbar werden hier abgehalten.

Die Asimov-Kellerbar-Gruppe ist eine geschlossene Facebook-Gruppe. Wenn Du Mitglied werden möchtest, suche die Gruppe auf Facebook und frage um Mitgliedschaft. Diese wird jedem Science-Fiction-Fan gerne gewährt.

Wikipedia

Die Asimov-Kellerbar hat es bis in die Wikipedia geschafft! Suche nach dem Stichwort '**Asimov-Kellerbar**', um dort den aktuellen Eintrag zu finden.

http://de.wikipedia.org/wiki/Asimov-Kellerbar

Der Wirt

Rudolf 'Rudi' Gerstner kann auch direkt per Email erreicht werden. Seine EMail-Adresse lautet:
rudi@asimov-kellerbar.de
Schreib ihm eine EMail, wenn Du eine Frage hast!

Die Lesungen

Ab und zu mache ich auf Veranstaltungen auch Lesungen aus meinen Geschichten. Einzelne Geschichten sind auch als Audioaufnahme im Internet zu finden:

http://youtu.be/azu0jvhaRqo

In einem gewissen Sinn sind die Kellerbar-Satiren ein Produkt, das seine Anfänge in den Siebziger und Achtzigern nicht verleugnen kann.

In Zeiten sozialer Medien und elektronischer Kommunikation, von im Web virtuell herausgegebener Fanzines und der minutenschnellen Diskussion in Foren, scheint manches in der Asimov-Kellerbar seltsam altertümlich und verklärt, ist ja die Idee einer SF-"Fankneipe" schon fast etwas Nostalgisches. Doch letztendlich geht es über alle Zeiten hinweg immer um den SF-Fan.

Bereits im ersten Band hat Klaus N. Frick in seinem Nachwort deutlich auf diesen Aspekt hingewiesen.

Und so schien es mir nicht verkehrt, wenn auch der zweite Band dieses grundsätzliche Thema aufgreifen würde:

Was ist ein SF-Fan?

Aber wer könnte sich da mit Sachverstand diesem Thema nähern?

Nun, die Wahl war für mich dann doch ganz einfach.

Horst Hoffmanns lockerer und humorvoller Schreibstil hat mich seit meiner Anfangszeit des SF-Lesens schon immer fasziniert. Seine Romane im Rahmen der Perry-Rhodan-Heftserie, wie auch die launigen Worte im Bereich der SF-Fanbetreuung des Verlags, waren für mich ein Vorbild und eine Inspiration, dass das geschriebene Wort bei allem Ernst des Themas auch die komischen Aspekte nicht vernachlässigen sollte.

Und ich bedanke mich bei Horst Hoffmann ganz herzlich dafür, dass er meiner Bitte so freundlich gefolgt ist.

In diesem Sinne, lieber Horst: leg los!

Fan sein!

Ein engagiertes Nachwort von Horst Hoffmann

Also ehrlich gestanden – klar fühlte ich mich am Bauch gepinselt (und sanft darauf hin gewiesen, dass mal wieder Zeit fürs allfrühjährliche Abspecken ist), als sich Klaus Marion bei Facebook in einer verzweifelten Nachricht an mich wandte und alle Hände ringend um ein Nachwort für den bereits zweiten Band der Geschichten aus Asimovs Kellerbar bat, nachdem alle seine 367 eigentlichen Wunschkandidaten aus mehr oder weniger wichtigen Gründen absagen mussten. Ein Nachwort von HoHo, noch dazu für jenen Verein, mit dem sein ganzes Elend mal angefangen hatte. Anno 1974 war das, jenes Jahr, das mich zum stolzen Großvater hätte machen können, hätte ich mir nur etwas mehr Mühe gegeben und mein ganzes Bafög nicht für Pariser zum Fenster raus geschmissen.

Nur, auf der anderen Seite – was soll ich denn jetzt über Science Fiction-Fans loswerden, also die modernen Fans von heute? Und überhaupt ein Vorwort. Vielleicht hat sich Klaus ja an meine genialen, legendären Vorworte aus den 80er Jahren erinnert, die für den PERRY RHODAN-Report und/oder die PERRY RHODAN-Bücher, für die ich bis zu meiner Deaktivierung irgendwann in den 90ern alljährlich vom

Lübecker PR-Fanclub „Icho sieht rot!" zu Weihnachten eine mindestens acht Jahre edelgeschmimmelte Marzipantorte geschickt bekam?

Wer heute SF-Fan ist, der braucht seine Hefte nicht mehr unter der Bettdecke zu lesen, muss sich auch nicht verkleiden, um seinen „Stoff" am Kiosk seines Vertrauens zu kaufen – nö, der macht das online und muss sich mit Gleichgesinnten auch nicht in einer verräucherten Kneipe oder auf dem alten Friedhof treffen, um hitzig darüber zu diskutieren, ob und wann die Guten die Bösen ... und warum die Heftchen und Bücher schon wieder teurer werden ... und welcher Brieffreund in welchem Fanzine jetzt schon wieder mal am Rad dreht ... und wieso dann zu allem Überfluss auch noch der Plüsch-Gucky in der Waschmaschine eingelaufen ist. Nö, wer heute Fan ist, der muss keine Taschenlampenbatterien mehr vergeuden fürs Schmökern unter der Bettdecke, muss auch keinen schlimmen Durchfall vor seiner Freundin oder Ehefrau vortäuschen, um die nächsten Seiten der neusten Fortsetzung heimlich auf dem Klo zu verschlingen, er muss auch keine Angst haben, in der Straßenbahn komisch angesehen zu werden, wenn er in seinen Heftchen blättert, sondern liest seinen Stoff einfach auf seinem Tablet und tut so, als sei er in die neuesten online-Börsenberichte vertieft. Und wenn er dann laut stöhnt, wenn sein Lieblingsheld mal wieder Dresche bekommen hat, sagt die nette ältere Dame von gegenüber höchstens: „Jaja, die da Oben machen mit uns, was sie wollen."

Also, wie gesagt, mir fehlt dazu der aktuelle, zeitgemäße Zugang und ich hätte dem lieben Klaus (Marion!!!) am liebsten gestern noch abgesagt, aber dann … ja dann …

Ja, dann hab ich es wieder vor mir gesehen, wie das in den 70ern noch so war, als man als SF-Fan gesellschaftlich noch irgendwo zwischen Klapsmühle und Zeugen Jehovas eingeordnet wurde. Oder der 60. Geburtstag meines Vaters, als ein anwesender Hauptschullehrer auf dem Wohnzimmertisch ein nicht rechtzeitig von mir in Sicherheit gebrachtes PERRY RHODAN-Heft liegen sah, auf dessen Titelbild zwei terranische Raumfahrer auf irgendwelchen exotischen Wassertieren durch den brandenden Ozean eines garantiert nichtirdischen Planeten schipperten (Band 48, „Rotes Auge Beteigeuze, mein erster PERRY überhaupt!). Der Herr Hauptlehrer nahm sich, bevor ich mich schützend darüber werfen konnte, das Heft, guckte zuerst das Bild streng an, dann mich, und dann fragte er: „Gibt es sowas?"

Und ich sagte: „Wissen wir das?"

Der Herr Hauptlehrer hat mich seither stets mit besorgtem Blick angesehen. Heute weiß ich: das war meine erste Stahlprobe als SF-Fan. Bis dahin wusste ich das nämlich nicht, las gern weiter meine schrecklichen Hefte und war der festen Überzeugung, ein ganz normaler Jugendlicher zu sein.

Irgendwie, ich gestehe es hier, war ich aber auch stolz darauf, plötzlich nicht mehr ein ganz normaler Jugendlicher zu sein, sondern Dinge zu tun, die ein ganz stinknormaler Jugendlicher nicht so tut – also

BRAVO lesen usw. Irgendwann gab es in meinen schrecklichen Heftchen dann auch eine LKS, also „Leserkontaktseite", und ich musste schockiert erkennen, dass es offenbar noch andere junge Leute gab, die nicht nur ihre Heftchen und Taschenbücher lasen, sondern sogar die Traute hatten, sich öffentlich zu ihrer perversen Neigung zu bekennen und darüber sogar mit anderen Perversen öffentlich zu diskutieren!

Irgendwann schließlich entdeckte ich auf der LKS eines TERRA ASTRA-Romans, verfasst von einem gewissen Peter Terrid, dass es wahrhaftig einen ganzen Verein gleich gesinnter Gestörter gab, der das sogar mit seinem Namen dokumentierte: Science Fiction Club Deutschland – kurz SFCD! Nach dem ersten Entsetzen fasste ich dann jenen verhängnisvollen Entschluss, der fortan mein ganzes Leben verändern sollte. Ich schrieb diesen seltsamen Verein an und gestand offen, dass auch ich heimlich diese Geschichten von Weltraum, Raketen, Helden und von paranoiden Autoren erfundenen Außerirdischen las, ja sogar verschlang!

Und was soll ich sagen? Das Unglaubliche geschah, ich bekam Antwort von jenem Verein namens SFCD und eine ganze Sendung obskurer Schriften, die sich „Fanzines" nannten. Einmal ANDROMEDA und einmal ANDROMEDA-Nachrichten!

Ich bin heute noch sicher, dass sich in dem Umschlag außerdem heimtückische Viren befanden, denn von da an war nichts mehr, wie es vorher einmal war. Ich schrieb dem lieben Absender (Dieter

Steinseifer) Briefe zurück und wagte es, auch einige meiner Zeichnungen beizufügen, für die mich jeder anständige Hauptlehrer sofort zur Untersuchung geschickt hätte. Das wäre ja auch noch nicht so schlimm gewesen, hätte mich Dieter nicht in seiner nächsten Antwort freundlichst gefragt, ob er nicht einige dieser Zeichnungen für die ANDROMEDA-Nachrichten (AN) verwenden dürfe, und zwar als (sorry, muss gerade schlucken) ... also als ... fürs ... Titelbild!

Ich war stolz wie Oskar und schrieb zurück: „Ja klar!" Und dann sah ich kurz darauf auch schon meine erste Illu auf dem Titelbild der nächsten AN (weiß die Nummer nicht mehr, irgendwas in den 20ern, ein großes Auge mit nem Frauengesicht drin und ner Träne drunter). Und von da an ging die Post ab – oder vielmehr ein. Auf einmal war der Briefkasten verstopft von Schreiben anderer Gestörter, die sich „Fans" nannten, und alle fragten an, ob ich nicht auch für ihr eigenes „Fanzine" was hätte oder zeichnen wollte. Der erste war Martin Eisele für sein „Papyrus cacama", dann kam Post von einem eifrigen Jungfan aus Remscheid, auf die nicht nur ein reger Briefwechsel folgte, sondern auch viele Besuche in seiner Remscheider Bude, fast jeden Samstag, wo mehr und mehr die Post (schon wieder) abging. Andere „Fans" waren da und auch einige Typen, die ihr Fan-Dasein mittlerweile schon auf die professionelle Schiene geschoben hatten. Es wurde geredet, fantasiert, spekuliert ... mit Typen, die einfach unglaublich waren, aus den Fanzines her kleine Legenden für mich:

Ronald M. Hahn (für mich bis heute der Größte!), Werner Fuchs (der einzige, der sich noch mehr für JEFFERSON AIRPLANE begeisterte als ich!), Kurt S. Denkena, Rainer Zubeil (hoffe dir geht es gut da oben!), Helmut Pesch (der geilste Zeichner dieser Zeit und mein größtes Vorbild!), ach und wie sie alle hießen.

Und irgendwann saß ich mit Helmut auf der Rückfahrt nach Köln (nüchtern mit Auto ging angesichts der exquisiten Bewirtung in Remscheid gar nicht) im Zug ... und sah mich mit der erschütternden Erkenntnis konfrontiert, dass ich zum SF-Fan mutiert war.

Es kam dann, wie es wohl kommen musste: Ich konnte es nicht mehr leugnen, ich war plötzlich auch einer jener seltsamen SF-Fans! Und wie es sich für diese spezielle Gattung Homo Sapiens gehörte, musste dann bald auch das eigene Fanzine her. Also in die Ente gesetzt und im nächsten Quelle-Laden für 179 DM den obligatorischen Spiritus-Umdrucker gekauft und die ersten beiden Ausgaben meines eigenen Fanzines auf Matrize gehämmert, geschwengelt und die Seiten auf der Bettdecke zum Heften zusammengelegt. "WATCHTOWER – Deutschlands satirisches Fanzine". Der Knaller war u.a. die legendäre Space-Opera „Die Weltraumexpedition der SCHMELZTIEGEL", erdacht und mit der ersten Folge gespendet von Ronald dem Hahn. Ab der dritten Ausgabe (Titelbild: Helmut Pesch) investierte ich mein Bafög statt in Pariser in sauberen Offsetdruck aus der Werkstatt meines bis heute sehr lieben Freundes Jörg Kägelmann, durfte mehr und mehr Gleichgesinnte kennen lernen, wobei sich zu den Fans schließlich auch meine Halbgötter von damals gesellten. Ich bekam Leserbriefe von Willi Voltz, Walter Ernsting ... und einen 12 Seiten umfassenden, handgeschriebenen, nachts bei Whisky und Gewitter verfassten Brief von Johnny Bruck, beiliegend 100 DM zur Förderung fännischen Treibens ...

Tja, und damit begann letztlich der Absturz vom heiteren Fan-Dasein ins große Abenteuer des Profi-Daseins. Und wenn ich das heute alles so geistig Revue passieren lasse ... habe ich keinen Tag und keinen Brief und keinen Zoff und rein gar nichts aus jener früheren und der späteren Zeit bereut. Fan sein, das bedeutete Abenteuer und tolle Leute kennenlernen und ... immer wieder freuen aufs nächste Heft oder den nächsten Tanzkurs am Kölner Barbarosssplatz ... mit vorherigem Besuch bei der Buchhandlung Ludwig und all den damals noch so dünnen Heyne-Taschenbüchern, die sich mal eben bequem in der Innentasche der Jacke verschwinden ließen.

Genug gelabert, oder, Klaus? Es war eine tolle, herrliche Zeit als SF-Fans aus den 70ern ... und ich bin sicher, dass sich in zwanzig oder dreißig Jahren die SF-Fans von heute ebenso nett und gerührt an ihre Zeit als SF-Fans erinnern werden.

Denn Fan sein ... das bleibt das Leben lang!

Quellen

Alle Rechte verbleiben bei den Autoren..

Fan sein! von Horst Hoffman (© 2014)
Der Text aus *Vortrag von John Varley* mit freundlicher Genehmigung von John Varley (© 2014).
Übersetzung aus *The John Varley Reader* von Klaus Marion (© 2012)
Flugdrache (auf Seite 208) © Christian Seipp
Alle sonstigen Texte von Klaus Marion (© 2014)

Der Autor

Klaus Marion wurde 1962 in Bremen geboren, hat die Kindheit in Reutlingen und die frühe Jugend in Bad Kreuznach verbracht.

Er wohnt seit 35 Jahren dort, ist glücklich verheiratet, hat zwei Kinder und eine Schildkröte.

Nach dem Schulbesuch und einer kaufmännischen Lehre wandte er sich in den achtziger Jahren dem Bereich der Computer zu. Nach einem Studium der Informatik- und Wirtschaftswissenschaften betätigte er sich als Programmierer und Softwareentwickler.

Er arbeitet heute als IT-Leiter in Eschborn bei Frankfurt.

Seit 25 Jahren schreibt er für verschiedene Zeitschriften regelmäßige Satirekolumnen, zwei Sammlungen seiner Satiren aus dem Magazin *VorSicht* erschienen 2011 und 2013 unter dem Titel "Satiren aus über 25 Jahren VorSicht" und "Flasche leer" im Verlag Matthias Ess.

Seinen bildungstechnisch eher unspektakulären Schulbesuch nutzte er ausgiebig, um seiner Leidenschaft der Science-Fiction-Literatur zu frönen. Mit der Heftserie Perry Rhodan startend, begann er in jungen Jahren die übliche Karriere: Gründung eines Perry-Rhodan-Fanclubs, Gründung eines SF-Clubs, Herausgabe von eigenen Fanzines, Treffen mit anderen Science-Fiction-Fans.

Schon früh begann er mit dem Schreiben von Science-Fiction-Fan Satiren. Die ersten erschienen im Alter von 17 Jahren, später wurden seine Satiren in Fanzines wie *Fandhome Wheekly*, *Hoodoo*, *BEAM*, *ANDROMEDA*, *AN*, *FNL* und vielen weiteren veröffentlicht. In den *Andromeda Nachrichten* gründete er die Sparte ZERRSPIEGEL und schrieb regelmäßige Satire-Kolumnen. Nach einer längeren Pause hat er diese Sparte 2012 wieder aufleben lassen.

1988 erblickte die Asimov-Keller-Bar das Licht der Welt. Seit diesem Zeitpunkt erscheinen immer wieder neue Geschichten aus der Welt des SF-Kneipenwirts Rudolf „Rudi" Gerstner.

Weitere Bücher des Autors

Geschichten aus der Asimov Kellerbar
und andere Science-Fiction-Fan-Satiren

Broschiert: 144 Seiten
Verlag: Books on Demand;
Auflage: 1 (26. April 2012)
Preis: EUR 10,80
ISBN-10: 3848204002
ISBN-13: 978-3848204007
Erhältlich bei Amazon und im Buchhandel

Hier ist der erste Band der Asimov-Kellerbar-Satiren. Ein bunter Reigen von Geschichten, natürlich mit allen Protagonisten der Kellerbar – und auch den Originalrezepten der Bar!

Aus der Buchbeschreibung:
Seit vielen Jahren treffen sich in Rudolf "Rudi" Gerstners Asimov-Kellerbar die ganz Großen der deutschen Science-Fiction-Szene. Ob Autoren, Fans oder auch ganz normale Gäste: Alle kommen regelmäßig in die erste und einzige deutsche Literatur- und Science-Fiction-Kneipe, um bei Rudi einen seiner kreativen SF-Drinks zu genießen, den Nachwuchsautor Frank Außenstein an seiner Schreibmaschine zu beobachten, oder um einfach nur über ihr liebstes Hobby zu diskutieren.
Mit einem Nachwort von Klaus N. Frick.

Satiren aus über 25 Jahren VorSicht

Broschiert: 160 Seiten
Verlag: Verlag Matthias Ess
Auflage: 1
(14. Dezember 2011)
Preis: EUR 12,90
ISBN-10: 393551672X
ISBN-13: 978-3935516723
Erhältlich bei Amazon und
im Buchhandel

Aus der Buchbeschreibung:
Seit vielen Jahren schreibt der Bad Kreuznacher Klaus Marion Satiren - und wer glaubt, dass ihm der Stoff, aus dem die humorvollen Geschichten des täglichen Lebens gewoben sind, auszugehen droht, der irrt. Monat für Monat stellt das der hauptberufliche IT-Leiter im Rhein-Nahe-Journal "VorSicht" unter Beweis. Dabei steht der menschliche Wahnsinn des täglichen Lebens, ob bei den rosaroten Sonderangeboten der Bahn, der Bestellung in der Kneipe oder dem harten Überlebenskampf an der Supermarktkasse immer wieder im Mittelpunkt. Mit viel Humor führt Klaus Marion uns vor Augen, dass es die systematischen Baufehler im Menschen, Macken, Schwächen und Fehler sind, die unser tägliches Handeln bisweilen so abstrus und bizarr erscheinen lassen, dass man am Ende einfach nur lachen kann.
64 Satiren zu allen wichtigen Themen des Lebens sind hier versammelt – Das Beste aus 25 Jahren VorSicht.

FLASCHE LEER -
Noch mehr Satiren aus der VorSicht

Broschiert: 142 Seiten
Verlag: Verlag Matthias Ess
Auflage: 1
(4. Dezember 2013)
Preis: EUR 12,90
ISBN-10: 393551686X
ISBN-13: 978-3935516860
Erhältlich bei Amazon und im Buchhandel

Aus der Buchbeschreibung:

Klaus Marion ist ein wahrer Glücksritter, wenn es um das Entdecken der kleinen Absurditäten des Alltags geht.

Beim Joggen, in der Kneipe oder beim Shoppen – überall stößt er auf die kleineren und größeren menschlichen Macken und Schwächen, die das Leben bereichern – oder manchmal einfach nur nerven.

Mit viel Humor und Ironie macht Klaus Marion sie erträglicher. Davon können sich die Leser Monat für Monat im Rhein-Nahe-Journal "VorSicht" überzeugen.

Hauptberuflich arbeitet Klaus Marion in der IT-Branche. Dabei hat er seinen Humor nicht verloren. Gut so.